La cura. 4

Alberto Zanobini

Il coraggio del futuro

Prefazione di Marco Damilano

Fondazione Ospedale Pediatrico Meyer

La nave di Teseo

Da un'idea del Centro Studi della Fondazione Meyer.

ISBN 978-88-9395-086-2

Prima edizione La nave di Teseo / Baldini+Castoldi marzo 2023

La collana “La cura” nasce da un’idea della Fondazione dell’Ospedale pediatrico Anna Meyer di Firenze in collaborazione con La nave di Teseo. L’antico detto “è più importante conoscere l’intera persona che ha quella malattia, piuttosto che riduttivamente la malattia di quella persona” è il filo conduttore dell’intera collana, nella quale scienze medico-biologiche, umanistiche, letterarie e visive contribuiscono integrandosi a creare una nuova cultura per i pazienti, i professionisti e i cittadini. L’obiettivo è promuovere i diritti fondamentali della persona malata o in condizioni di fragilità e diffondere una visione globale della medicina, e di altre scienze della cura a essa integrate, che tenga conto anche dei bisogni psico-emozionali e spirituali, considerati parte inscindibile dell’intero percorso di cura e valori fondamentali del vivere sociale solidaristico.

Sommario

"Il modo migliore per predire il futuro è crearlo."

Abraham Lincoln

A Folco

Prefazione
di Marco Damilano

Sono entrato al Meyer in una mattinata di sole di fine estate, a settembre, era un sabato e l'ospedale si preparava al fine settimana. Ho incontrato anch'io la Pimpa di Altan alla parete, come accade alle famiglie nel momento dell'arrivo, il più faticoso, quando serve accoglienza, calore e anche un sorriso. Mi sono fermato nello Spazio dello Spirito con la sua struttura circolare, la Madonna dei cristiani, la Bibbia in ebraico e il Corano. Ho guardato la scritta all'ingresso del Meyer Health Campus appena inaugurato, sull'articolo 32 della Costituzione. "La Repubblica tutela la salute come fondamentale diritto dell'individuo e interesse della collettività", il fondamento del nostro Servizio Sanitario Nazionale. Ho visitato i luoghi della sofferenza e della cura, mi sono affacciato dentro le stanze con riservatezza, ho parlato con i medici, ho incontrato una famiglia: "Veniamo qui da anni. È la nostra casa". Ho visto i bambini.

A loro nel 2021, sull'"Espresso", dedicammo la copertina come persone dell'anno. Ai bambini che soffrono e che resistono. Con le loro ferite invisibili. Con le loro singole storie, la tenacia, la voglia di vivere. Dopo due anni di lockdown che li aveva cancellati dall'attenzione dei media e dall'agenda della politica. Nella "cartina di una nazione spaccata", scriveva la giornalista Elena Testi, "dove un bambino che vive nel Mezzogiorno ha un rischio del 70 per cento più elevato di un suo coetaneo di emigrare in un'altra regione per potersi curare".

Alberto Zanobini, da presidente dell'Associazione Ospedali Pediatrici Italiani, scrisse in quell'occasione una lettera aperta al Piano Nazionale di Ripresa e di Resilienza, il PNNR: "Caro PNNR, il lockdown, la carenza di prospettive, la mancanza di relazioni sociali e la paura del futuro hanno generato un impatto fortissimo, producendo un'accelerazione mai vista di ricoveri per tentativi suicidari, autolesionismo, disturbi del comportamento alimentare. Questo fenomeno sta mettendo – ancora – a dura prova i reparti di Neuropsichiatria anche per la cronica carenza di posti letto nelle regioni italiane [...]. Ti prego di prevedere almeno un raddoppio di posti letto di Neuropsichiatria infantile e in parallelo un forte investimento sulle risorse umane correlate fin dai processi formativi: neuropsichiatri infantili, psicologi dell'età evolutiva ed educatori professionali [...]. Abbiamo anche forte necessità di strutture intermedie per la Psichiatria dell'infanzia e dell'adolescenza sul territorio. Troppo spesso gli ospedali pediatrici e i reparti di Neuropsichiatria infantile non riescono a dimettere i pazienti perché prematuro il rientro a casa, ma non esistono strutture 'a bassa intensità', intermedie appunto, in grado di assorbire un'uscita *soft* dagli ospedali [...]. Sono necessarie Tue risorse anche per rendere attuali e fattive le avanzate disposizioni nazionali e regionali che già esistono per realizzare in ogni regione *hospice* pediatrici (ve ne sono infatti pochissimi in Italia!) che non siano luoghi di morte ma di vita per bambini in condizioni di complessità clinica tale che non ha più senso che stiano nelle Rianimazioni o nei reparti di un ospedale. Case accoglienti anche se tecnologicamente attrezzate e con operatori formati, che possano rappresentare 'ricoveri di sollievo' per quelle famiglie che talvolta non ce la fanno davvero più. Un grande investimento in questa linea non è solo necessario ma si configura come una scelta etica e di civiltà. Caro PNNR, spero di essere arrivato in tempo!"

Nel frattempo è passato più di un anno. L'Italia resta il Paese in cui solo un bambino su cinque ottiene il ricovero in un reparto di Neuropsichiatria infantile, gli altri vanno nel reparto degli adulti, in cui al momento del ricovero tra il pronto soccorso e la famiglia non c'è nulla e gli operatori sanitari fuggono verso il privato. L'Italia disattende quell'articolo 32 della Costituzione, scritto, tra gli altri, dal giovane costituente Aldo Moro e attuato da Tina Anselmi, che di Moro fu amica e allieva politica: nell'ultimo anno 5,6 milioni di italiani hanno smesso di curarsi per impossibilità di trovare assistenza nella sanità pubblica; è un numero che coincide perfettamente con i 5,6 milioni di italiani che per l'ISTAT vivono nella povertà assoluta.

Il Servizio Sanitario Nazionale, ripete Zanobini, non può essere un contenitore di prestazioni, ma una piattaforma democratica per lo sviluppo della persona, in particolare la più indifesa, i piccoli, i bambini. È su questo punto che la democrazia progettata dalla Costituzione repubblicana si coltiva, o viene tradita. Chi si impegna in questa battaglia compie un'azione politica, la più alta, e di tenuta della società, quando la fiducia viene meno.

Questo libro racconta di questa sfida. Di un'istituzione, il Meyer di Firenze, di un operatore della sanità innamorato della sua missione, Alberto Zanobini, con lo spirito di Adriano Olivetti: l'utopia concreta, la *leadership* collettiva, la costruzione di una cattedrale, con le difficoltà e perfino le ingiustizie. Di un padre, Folco. E di due giovani donne. La prima si chiamava Anna Fitz Gerald Meyer, morì il 13 dicembre 1883, era la moglie di Giovanni Meyer, banchiere russo-tedesco, tra i fondatori della Banca Commerciale Italiana. Anna era rimasta colpita perché aveva visto ricoverati all'ospedale di Santa Maria Nuova i bambini insieme agli anziani, per questo il marito fondò a Firenze un ospedale per i bambini. La seconda morì nello stesso anno di Anna, si chiamava Susan Cant, moglie dell'impresario edile Baldassarre Ciuti, vissuto negli stessi anni di Giovanni Meyer, la trisnonna scozzese di Zanobini.

C'è una terza protagonista nascosta, una bambina di nome Elena, morta il 15 ottobre 1970 per un tumore al fegato dopo essere stata ricoverata al Meyer. Elena era la sorella di Alberto Zanobini che nel 2014 sarà nominato commissario dell'ospedale pediatrico di Firenze.

Due giovani donne vissute nella seconda metà dell'Ottocento, all'indomani di Firenze capitale d'Italia, e una bambina vissuta pochi anni un secolo più tardi. È il filo segreto della storia che Zanobini racconta: in quei nomi e in quelle vite spezzate ci sono la memoria del passato, la visione, il dolore, la cura, il cambiamento, la possibilità di stare vicino ai più piccoli e fragili nel momento più difficile. Spendersi per salvare la vita di un bambino, quanto di più alto possa fare un essere umano durante il suo passaggio sulla terra. L'esigenza di riportare "la casa in ordine", come fece Folco, prima di andarsene, in punta di piedi, con i versi di una sua poesia:

> "Una sera così rispettosa
> così solenne ma con discrezione
> io la vorrei.
> Lascerei ogni cosa ringraziando
> molto per l'attenzione".

1. Alberto, 1970

"Perché cercate tra i morti colui che è vivo?"
Vangelo di Luca (24, 5-6)

Era il primo novembre 2014 quando, con grande trepidazione e pochi capelli bianchi in testa, sono entrato all'Ospedale Pediatrico Meyer di Firenze come commissario incaricato dalla Regione Toscana di gestire un passaggio delicato. Mi era capitato in precedenza di trovarmi ad affrontare passaggi di direzione, quindi sapevo a cosa andavo incontro. La verità, però, è che non lo sapevo affatto.

Sono entrato al Meyer indossando una veste provvisoria, credendo che, una volta terminato quell'incarico, sarebbe stato solo un altro tassello della mia carriera nella sanità toscana. Invece, quasi immediatamente ho capito che si trattava di un luogo speciale, dove avrei voluto restare a lungo.

Il cammino si è rivelato non sempre facile, anzi, molto spesso è stato – e continua a essere – impegnativo, sfiancante, ma anche incredibilmente coinvolgente. E soprattutto, profondo.

Sedermi alla scrivania del Direttore Generale del Meyer mi ha permesso di mettermi in gioco sotto molteplici aspetti. Mi ha insegnato a guardare al futuro, ad abbracciare nuove sfide, a sperimentare cosa significhi davvero la parola *leadership*. A rialzarmi dopo ogni caduta.

Mai avrei pensato, però, che un ruolo del genere mi avrebbe dato la possibilità di ricomporre una più intima dimensione esistenziale, che affonda le sue radici nel lontano passato. Precisamente nel 15 ottobre 1970.

> "Il sottoscritto Folco Zanobini dichiara di assumersi tutta la responsabilità di quanto possa accadere alla bambina malata che volontariamente lascia queste infermerie contro l'espresso parere del curante."
> Firenze, 15 ottobre 1970, ore 1:30.
> Grado di parentela: padre.

Così recita il modulo compilato con cura che, frugando negli archivi dell'ospedale, ho trovato allegato alla cartella clinica della bambina malata di cui si parla. Quella bambina era mia sorella Elena.

Aveva un brutto tumore al fegato e ci lasciò proprio quel 15 ottobre 1970, dopo che Folco, mio padre, decise di interrompere, contro il parere dei medici, il ricovero al Meyer e portarla a morire nel grande salotto della casa dei nonni in via Della Robbia a Firenze.

Ed è in un giorno tanto triste che io sono venuto al mondo.

In realtà, la mia carta d'identità afferma che sono nato il 26 settembre 1965, ma è come se fossi nato cinque anni dopo, in quel salotto, appollaiato sul bracciolo del divano come un uccellino su un ramo, accanto ai miei genitori e a Silvia, la mia sorella maggiore. È il primo ricordo che ho.

Nasco quando il babbo Folco ci dice che Elena non c'è più, che è morta.

Silvia piange, la osservo disperarsi, e vorrei fare lo stesso perché il suo dolore mi sembra molto opportuno, è la risposta giusta a una situazione tanto terribile. Il fatto è che non ci riesco. Vorrei essere abbastanza grande per soffrire come lei, così consapevolmente, invece ho soltanto cinque anni e, appena un'ora dopo, mi metto a giocare con le macchinine.

Nasco e, insieme a me, nasce la mia coscienza di essere umano che deve fare i conti con la sofferenza degli altri, senza comprenderla, né immaginare che è anche la propria.

Il giorno del funerale mi mandano a giocare da un amico dell'asilo, Andrea, oggi impeccabile commercialista. Quando Elena muore, io ho da poco iniziato l'inserimento nella nuova scuola, in una nuova città. Quello stesso anno, infatti, la famiglia Zanobini si è trasferita da Montevarchi a Firenze.

Certo, qualche volta mi chiedo dove sia finita mia sorella, però non mi pongo molte domande, né le rivolgo ai miei genitori. Del resto, di lei non si parla, come non si parla dell'ospedalino. Se per caso vengono nominati, Elena e il Meyer, avverto un freddo denso, di quelli che attraversano la schiena tagliando il corpo in due. Evidentemente, quello stesso freddo lo avvertono anche gli altri, perché tutti, a udirne i nomi, hanno solo voglia di cambiare argomento.

Ogni domenica è scandita dal catechismo, a cui segue la messa. In chiesa andiamo io, Silvia e il babbo. La mamma resta sempre a casa, anche se ci tiene molto che io ci vada. La messa per me è paragonabile all'ora di lezione della signora Ricci, l'insegnante di pianoforte: l'obiettivo principale è arrivare in fondo, resistere su quelle scomodissime panche di legno. Quando finisce sono sollevato.

Dopo, il babbo ci porta al Cimitero dell'Antella, un cimitero monumentale dove mi piace recarmi, perché l'aria lì dentro è tranquilla e immobile e mi trasmette un senso di pace. Quello è l'unico momento che vivo, senza saperlo, con spirito religioso.

Parcheggiata l'auto nella piazzetta antistante, sotto a grandi cipressi, ha inizio il nostro rituale. Per prima cosa, compriamo dei fiori e del "verde" dalle fioraie che hanno il negozio accanto all'ingresso, un negozio dove fa sempre freddo, perché il freddo – l'avrei scoperto dopo – serve a conservare meglio i fiori. Poi prendiamo un secchiello vicino al casottino del guardiano e ci incamminiamo verso i sotterranei.

Conosco a memoria la strada che porta alla tomba di Elena, laddove la mamma non si spinge mai. Il babbo prende i fiori appassiti della domenica precedente e li raccoglie nel secchiello, quindi sistema quelli appena comprati, tenendone un po' da parte per far visita anche alle tombe dei nonni.

Ora dobbiamo stare alcuni minuti in silenzio, a capo chino o guardando le lettere che sul marmo della lapide compongono il nome. Elena Zanobini. Soltanto lì, al cimitero, posso pronunciare il nome di mia sorella, ma sempre dentro di me, senza aprire la bocca. Ci facciamo il segno della croce tutti insieme e, prima di andare via, il babbo si alza sulle punte per toccare la lapide con la mano. È posta troppo in alto per noi, deve prenderci in collo perché possiamo fare altrettanto. È l'unico saluto che ci è concesso: sfiorare delle lettere incise su un pezzo di pietra freddo.

Quel gesto lo compio ancora oggi.

Guardando indietro alla mia fanciullezza, mi rendo conto di essere stato un bambino che somatizzava molto, praticamente tutto. Non lasciavo uscire niente, per paura che uscisse anche la sofferenza famigliare che si respirava a casa. Crescendo, sono cambiato, si è come sbloccato qualcosa da qualche parte. Ho imparato a farmi un bel pianto liberatorio, a lasciar uscire quello che avevo dentro, grazie soprattutto a Francesca.

Una cosa, però, è rimasta la stessa: né io, né tantomeno mia sorella Silvia, abbiamo mai parlato di Elena con Lucia, nostra madre. Forse qualcosa si avvia a cambiare in questi ultimi anni.

Mamma è una roccia, ha una forza dentro a cui si aggrappa, una forza che la rende talvolta aspra. Una roccia deve esserlo, per poter resistere alle intemperie, e lei deve poter resistere alla perdita, prima di due figli, e poi del marito.

È il suo modo di affrontare le batoste: farsi assorbire da qualcos'altro, dagli altri. Rimuovere, per non essere sopraffatta dal dolore.

E, così, con lei di certe cose non si può proprio parlare.

Il babbo, dal canto suo, è stato il perno della famiglia. Folco per me non era solo un padre, ma anche una madre, tanto che la sua morte nel 2019 ha segnato una cesura profonda nella mia vita. Un po' come al cinema, quando il film viene interrotto, le luci si accendono e sullo schermo compare la scritta: "Fine primo tempo". Quando se n'è andato, ho provato un senso di spaesamento, come quando, dopo che gli occhi si sono abituati al buio della sala, la luce è troppo forte, troppo improvvisa, e tu non vuoi altro che tornare all'oscurità, tornare indietro, mentre invece indietro non si può tornare.

Quando è morto Filippo, di sette anni più piccolo di me, ho provato qualcosa di simile. Siamo cresciuti insieme, lui e io. La verità è che siamo sempre stati solo lui e io. Perché di

Elena non conservo nessun ricordo e con Silvia c'intendevamo poco da piccoli. Lei era legatissima a nostra sorella e ha sofferto profondamente per la sua morte. A poco più di vent'anni è andata in Germania e noi ci siamo riscoperti fratelli da adulti, non molti anni fa. Diversi, eppure uniti.

Filippo, dicevo, era il mio fratellino. Minuto, simpaticissimo, grande tifoso della Fiorentina. Era la persona a cui sentivo di essere legato a doppio filo, un filo rosso come il destino. Ora anche lui non c'è più, si è spento nel 2004, a trentadue anni, provato da una grave cardiopatia e da un fisico che non riusciva più a sostenerlo. Filippo aveva la Sindrome di Down.

Sembrerà incredibile, ma io ho capito che mio fratello non era come tutti gli altri solo intorno ai sedici, diciassette anni, dopo che un mio amico, in vacanza al mare, mi chiese da che genere di malattia fosse affetto.

"Ma quale malattia, Filippo non è affatto malato", avevo risposto io, negando la verità persino a me stesso.

Stavo attuando lo stesso meccanismo di rimozione della mamma. In casa mia si poteva parlare di tutte le cose del mondo, ma non di quelle dolorose, e così nessuno si era mai sognato di pronunciare ad alta voce il nome della malattia di Filippo. Se di una cosa non si parla, si può avere l'impressione che quella cosa non esista. Come per magia.

In seguito arrivò la consapevolezza, e quel senso di protezione e apprensione che non mi ha mai abbandonato nei suoi confronti fino agli ultimi giorni.

Oggi, seduto alla mia scrivania all'interno dell'ospedale, Elena e Filippo mi fanno compagnia, sembrano guidarmi attraverso le fotografie dove sono per sempre impressi, le loro espressioni felici e sorridenti. E più li guardo, più capisco che, se mi trovo qui, a fare il Direttore del Meyer, coi capelli bianchi e qualche ruga in più, è merito loro.

È *per* loro.

Il tema della morte nella mia storia, ma soprattutto nella storia dell'Ospedale Pediatrico Meyer di Firenze, è fondante. La morte intesa come seme da cui comincia qualcos'altro, una nuova vita.

Fu in seguito alla morte della prima moglie, il 13 dicembre 1883, che Giovanni Meyer decise di esaudire il suo desiderio e fondare nella loro città un ospedale dedicato solo ai bambini.

Pare che Anna Fitz Gerald Meyer, infatti, fosse rimasta molto colpita, durante una visita all'ospedale di Santa Maria Nuova, nel vedere ricoverati insieme anziani e minori, in una promiscuità di stanze e corsie.

"Firenze deve avere un ospedale pediatrico", aveva affermato al marito, già malata, "proprio come San Pietroburgo".

Ed è così che nacque il nostro Meyer, eccellenza nazionale e internazionale della pediatria: da un atto d'amore.

Giovanni Meyer, banchiere e filantropo russo-tedesco, tra le persone più ricche di Italia, fu tra i fondatori della Banca Commerciale Italiana. Uno stemma del suo casato si trova ancora oggi nel Duomo di Firenze, come riconoscimento di alcuni interventi di restauro effettuati all'interno della Chiesa di Santa Maria del Fiore e da lui finanziati interamente.

È seppellito, insieme ad Anna, nel Cimitero degli Allori di Firenze (il Cimitero degli Stranieri, prosecuzione del Cimitero degli Inglesi), e le loro tombe sono opera dell'illustre architetto Roster. Amico intimo di Giovanni, Roster realizzò anche il disegno dell'ospedalino di via Luca Giordano, la prima, storica sede del Meyer.

Per una serie di coincidenze, dopo la morte di Folco nel novembre 2019, ho ritrovato la tomba della mia trisnonna scozzese, Susan Cant, nata a Newcastle nel 1841, e sposata a Baldassarre Ciuti, grande impresario edile di Firenze Capitale. A lui si deve la costruzione dell'intera via dei Della Robbia, dove si trova proprio il Villino Ciuti, capolavoro dello stile liberty.

Susan seguì il marito a Firenze, ma morì prematuramente a soli quarantadue anni, nello stesso anno di Anna Fitz Gerald Meyer. Ed è a pochi passi dalla tomba di Anna che ho ritrovato Susan Cant.

Baldassarre e Giovanni, entrambi rimasti vedovi relativamente presto; ho immaginato che frequentassero gli stessi ristretti circoli della buona borghesia di stranieri e anglo-fiorentini della Firenze di fine Ottocento, così come le loro mogli, Anna e Susan.

Mi sono chiesto, quasi cedendo alle lusinghe dell'immaginazione, se il mio trisnonno e il banchiere si fossero trovati a lavorare fianco a fianco nella costruzione dell'ospedalino, quello stesso ospedale del quale adesso sono Direttore. Mai avrei pensato che le cose stessero proprio così.

2. *Leadership* collettiva e umanistica

"Il successo è l'abilità di passare da un insuccesso all'altro senza perdere l'entusiasmo."
Winston Churchill

È un altro lunedì mattina quello in cui arrivo in ospedale. Parcheggio l'auto – una Cinquecento che la Fondazione Meyer mi ha messo a disposizione, avendo io rinunciato all'autista – e salgo in ufficio. Lungo il tragitto ripasso mentalmente gli impegni che mi aspettano: riunioni, appuntamenti e tutte quelle cose che le mie segretarie, Giulia e Laura, mi aiutano a gestire.

L'ufficio è silenzioso e quieto, le pareti tappezzate di cornici, fotografie di persone venute in visita qui, al Meyer, e di riconoscimenti che, negli anni, ci siamo guadagnati. È una dimensione che mi rispecchia, questa stanza, che quasi sembra una propaggine di casa mia. È il luogo dove trascorro praticamente la maggior parte del tempo, quindi è naturale che io lo curi come se lo fosse davvero, casa mia. Un ambiente ordinato e accogliente non solo dà serenità alla mente, ma aiuta anche a essere più produttivi e organizzati.

Sulla piccola libreria, di fianco alla finestra, ritrovo le foto dei miei quattro figli, Giovanni, Bianca, Guido e Federico, mentre sulla scrivania quelle dei fratelli che ho perso, Elena e Filippo, le mie due guide.

Ho ancora un po' di tempo prima della riunione delle nove, come ogni lunedì mattina, quindi, dopo aver sbrigato qualche rapida telefonata, decido di uscire di nuovo, stavolta per fare un giro in ospedale.

L'ingresso della Direzione è un corridoio che, col tempo, è diventato una specie di museo del Meyer, dove si respirano il passato e la storia dell'ospedale. Alle pareti sono appese istantanee dei primi del Novecento che conosco molto bene. Delle infermiere che accudiscono alcuni neonati, bambini impegnati in esercizi di riabilitazione, due piccoli pazienti aggrappati alle sbarre di un recinto nel giardino dell'ospedalino intenti a fare quelli che all'epoca si chiamavano "bagni di sole".

Ognuna di queste immagini è un incredibile spaccato di un mondo lontano, che occorre ricordare affinché non venga perduto una volta per tutte.

Ricordare. È stato proprio questo il motivo che mi ha spinto, poco dopo il mio arrivo al Meyer, ormai otto anni fa, a richiedere le fotografie all'Archivio Storico Foto Locchi: per riappropriarci della storia del Meyer.

Quando il 1° novembre 2014 la mia avventura ha avuto inizio, questo corridoio non aveva nessuna memoria, nessuno spaccato di piccolo mondo antico. Niente di niente. L'intero ospedale era un'organizzazione seduta in un autocompiacimento vagamente provinciale, che viveva di glorie perdute, forte di una grandezza di cui, di fatto, ignorava persino la provenienza. A malapena ci si ricordava chi fosse Giovanni Meyer e perché avesse fondato un ospedale pediatrico a Firenze.

Il parco aveva l'erba alta, e nessun giardiniere nei paraggi perché stipendiarne qualcuno "costava troppo". Nel giardino, nei corridoi e nelle stanze aleggiava un diffuso grigiore. E frequenti erano i tagli al personale.

Proprio come un essere umano senza prospettive a lungo raggio, il Meyer era triste e depresso. Era una finestra affacciata su un muro, appiattito su un presente monotono dove le parole d'ordine fino al mio arrivo erano state *spending review* e *austerity*.

Ricordo che la prima cosa che ho pensato, arrivando qui un po' impaurito e spaesato, è stata che il Meyer era destinato al declino, a meno che non si decidesse, tutti insieme, di rimettere al centro un termine dimenticato: *futuro*.

Il lavoro da fare era parecchio. Un po' come quando si acquista una casa da ristrutturare; bisogna prima parlare col geometra, poi con l'architetto, sedersi a un tavolo per valutare insieme gli spazi, studiare e progettare nuove soluzioni.

Forse, penso mentre mi avvio verso l'ascensore, un paragone simile mi è venuto perché da bambino sognavo di studiare architettura e diventare, un giorno, anche io architetto. Subito dopo il diploma di maturità, tuttavia, ecco che il mio sogno si era trasformato: volevo fare il magistrato.

In famiglia, furono tutti molto contenti della scelta. D'altronde, io ero sempre stato il figlio diligente e studioso. Dovevo esserlo. Con la morte di Elena mi ero assegnato, vai a capire il perché, questo ruolo. Come se sentissi il bisogno di ottenere risultati eccellenti per consolare i miei genitori, far vedere loro quanto ero bravo e in gamba e distoglierli da ricordi penosi.

Ognuno si arrangia come può per tenere a bada il proprio dolore. Io buttandomi nello studio e nell'ordine, mia sorella Silvia trasformandolo nel bisogno di andare lontano.

Comunque sia, non ho fatto neanche il magistrato.

Conseguita la laurea in Giurisprudenza, mi sono gettato a capofitto nella preparazione del difficilissimo concorso, articolato in tre prove. Ne passai due e bocciai l'ultima, il decisivo esame di diritto civile.

Era il 1992, mese di maggio, Roma. Uno dei membri della Commissione era Francesca Morvillo, moglie di Giovanni Falcone. Allora io non lo sapevo – non lo sapeva nessuno, a dire il vero – ma la strage di Capaci sarebbe avvenuta proprio a seguito del loro viaggio da Roma a Palermo, dopo che il giudice aveva aspettato la Morvillo finita la sessione del mio concorso... Oggi nel mio ufficio ho una foto di Falcone e Borsellino che sorridono insieme.

Non passare quell'esame fu una specie di shock, del tipo che ti crolla il mondo addosso. Io, che ero sempre stato lo studente modello, preparato e perfetto, avevo fallito nell'unico obiettivo che avesse senso: costruirmi una carriera dopo la laurea. Ci avevo messo tutto me stesso, eppure non era bastato.

Abbattuto e giù di morale, cominciai a fare concorsi e, come accade per la maggior parte delle cose della vita, per caso approdai nel 1993 alla ASL, più precisamente all'ex manicomio di San Salvi, dove ancora si respirava l'aria della Riforma Basaglia del 1980. Ricordo che nel parco si aggiravano dei malati di mente che avevano voluto rimanere a San Salvi perché non sapevano dove altro andare. Li chiamavano "residui manicomiali".

Da lì cominciò la trafila. Impiegato, dirigente per qualche anno a Prato, dirigente regionale, quindi capo di Gabinetto dell'Assessore alla Sanità toscana dal 2010 al 2012, e, infine, commissario al servizio della Regione.

Non lo sapevo allora, ma fallire il concorso in magistratura è stata la mia fortuna. Probabilmente sarei stato un pessimo magistrato e, soprattutto, non sarei mai arrivato alla piena realizzazione di me stesso, qui, al Meyer, venticinque anni dopo.

L'ascensore mi conduce al piano terra, nella Hall Serra. È lì, accanto al modellino dell'ospedale, che incontro Francesca Bellini, Direttrice Sanitaria del Meyer, donna in apparenza minuta e delicata, ma che sotto sotto ha la tenacia di un carro armato.

Ci siamo conosciuti quando ero dirigente regionale al Dipartimento Sanità. In realtà, erano state poche le occasioni in cui avevamo lavorato insieme, essendo io funzionario e lei medico. Ma Francesca mi aveva molto colpito per le sue qualità umane ed è per questo che ho voluto fortemente coinvolgerla, una volta ricevuto l'incarico dalla Regione Toscana. Avendo una formazione giuridica, dovevo circondarmi delle figure giuste, non potevo assolutamente sbagliare.

"Mi sono messo in testa di andare al Meyer", le avevo detto in un nostro repentino incontro durante l'estate del 2014. "Devi venire con me, devi fare il Direttore Sanitario."

"Alberto, sei impazzito? Non ci penso neanche. E poi, scusa, ancora non hanno nominato nemmeno te!"

"Dovresti pensarci, invece."

"Non capisco cosa tu veda in me. Di certo non ho mai pensato di fare il Direttore Sanitario, e poi al momento mi occupo di anziani e di organizzazione sanitaria. Come vedi, c'entrano poco o niente con un ospedale pediatrico!"

Le sue parole, però, non mi avevano affatto scoraggiato.

"Io invece ti dico che sei la persona più adatta per questo ruolo. Non solo per le tue competenze, sto parlando di attitudini umane, di modo di porsi. Tu, Francesca, sai essere leader al femminile."

Alla fine la convinsi, e non fu la sola.

Portai con me tante altre figure chiave. Il Direttore Amministrativo, Tito, un gentiluomo amabile dall'aria nobile che possiede competenze straordinarie e che ha scelto di lavorare unicamente per passione, potendo, forse, vivere di rendita; la Responsabile della Comunicazione, Daniela; la Responsabile dei Rapporti Internazionali, adesso Direttrice dell'Area di Ricerca, Kathleen – da noi chiamata Katie – una ingegnera biomedica americana; le giornaliste Mavi e Giulia; la mia segretaria storica, Giulia; il Responsabile dell'Area Tecnica, Giovanni, perché il Meyer era sprovvisto di un comparto di questo tipo e io avevo già in mente di ampliare l'ospedale; Patrizia, la Direttrice Infermieristica; e infine Giulia, la psicologa delle organizzazioni.

Qui avevo trovato anche – e soprattutto – eccellenze assolute, prive, tuttavia, di un disegno complessivo, di una direzione.

È il caso del Prof. Gianpaolo Donzelli, illustre neonatologo ormai vicino alla pensione. Dopo un mese dal mio arrivo, proposi che venisse nominato Presidente della Fondazione Meyer. Fino a quel momento la carica di Presidente era sempre stata riservata al Direttore Generale. Io, per la prima volta, decisi di affidarla a una persona di grande valore umano e culturale, un umanista prima ancora che medico, che ha avuto grande parte in questa avventura. Lui ha subito sposato la visione che il Meyer dovesse essere molto più di un semplice ospedale, ma un centro propulsore di cultura dei diritti dei bambini secondo una concezione globale di salute. La sua è stata una figura chiave che mi avrebbe accompagnato praticamente ovunque, insieme a Katie. Qualcuno, a un certo punto, ha addirittura preso a chiamarci "Trio International".

Quindi, appena arrivato in ospedale, dedicai gran parte delle mie energie nel costruire lo staff che mi avrebbe aiutato a traghettare l'ospedale verso il futuro. Ero consapevole che stava iniziando un grande viaggio e che, per salpare, la nave doveva necessariamente essere forte e solida, l'equipaggio coeso, per remare tutti insieme. Chiari obiettivi in testa, orizzonti nitidi e percorsi tracciati.

All'inizio c'erano tanti "io", ciò che invece ho cercato di portare, nel mio piccolo, è stato il "noi". *We people* invece di *I people*.

La filosofia dell'uomo solo al comando non mi è mai piaciuta e fin da subito mi sono adoperato perché fosse chiaro a tutti. Più che un capo, mi immagino come una specie di direttore d'orchestra, la cui missione è valorizzare i talenti degli altri. Col tempo ho maturato una certa esperienza. È molto vero che si impara facendo, che la capacità di ascolto è un muscolo che va allenato quotidianamente.

Subito sono partito a organizzare dei colloqui per conoscere il personale e, ovviamente, per farmi conoscere.

"Non capisco perché io debba parlare con lei", aveva ribattuto un primario autorevole, noto per avere un brutto carattere. "Tanto se ne andrà tra pochi mesi, e io non ho certo tempo da perdere."

"Guardi, lei sta parlando con uno che resterà qui per i prossimi dieci anni."

La mia era stata una risposta impulsiva, ma che conteneva già una certa verità. Nonostante i numerosi aspetti da sistemare, avevo ormai capito che quel luogo era speciale, che era esattamente dove dovevo essere. In ogni caso, quelle parole colpirono il primario e tra noi s'instaurò un rapporto fecondo.

L'intenzione era – ed è – quella di non vivere il mio come un mero ruolo burocratico, ma di andare oltre. Investire sull'idea di comunità, fare squadra.

Così ho iniziato una prima fase di immersione nel mondo dell'ospedale, di ascolto e conoscenza. Mi sono letteralmente tuffato nella realtà del Meyer, prendendo appuntamenti con tutti i reparti, cercando di parlare con ogni singolo gruppo di lavoro, ogni persona, spalancando porte e finestre.

Credo che mettersi in posizione d'ascolto sia un aspetto molto importante, nel mio lavoro. Ascolto inteso come necessaria competenza manageriale e, più in generale, come qualità umana. Ascoltare le persone significa prestare attenzione ai loro problemi; farlo al Meyer ha avuto lo scopo di conoscere il vissuto del personale, le ambizioni che, nel tempo, non erano riuscite a trovare compimento. Questa enorme psicoanalisi, durata qualche mese, mi ha fornito le chiavi di lettura, ha indicato la via da seguire. Non avevo progetti specifici per un ospedale pediatrico. Non ancora. Le idee sono emerse dall'ascolto degli altri, dal bagno appassionato che ho avuto l'opportunità di fare.

E lo è stato davvero, un bagno appassionato. Dopo tanti anni passati a lavorare dietro le quinte della burocrazia regionale, la possibilità di essere sul campo, in un posto così speciale, è stata davvero un'emozione. Una delle più grandi, a dire il vero.

Sono arrivato il 1° novembre e il mese dopo ero già travestito da Babbo Natale.

Non avrei mai immaginato quanto sarebbe stato bello vivere la magia delle feste natalizie al Meyer, con le associazioni dei genitori che ogni giorno organizzano molte iniziative. Non avrei mai immaginato l'emozione di ricevere le letterine dei bambini che cominciavano con: "Caro Signor Meyer".

Ero io, il Signor Meyer.

Se mi guardo indietro oggi, mentre attraverso la Hall Serra, mi rendo conto che l'elemento centrale dei miei primi mesi qui è stato, senza dubbio, la costruzione di un gruppo di lavoro affiatato con cui dare un cambio di rotta deciso e sostanziale, per costruire un nuovo Meyer a partire dalle sue fondamenta.

Così ha preso forma la Tribù del Lunedì, dal nome della nostra chat su WhatsApp. Il termine *tribù* mi sembrava calzante, perché richiama l'appartenenza a un gruppo senza troppe distinzioni di ruolo.

Ed ecco, dunque, che ogni lunedì mattina, dalle 9 alle 11, si ritrovavano sedute allo stesso tavolo quindici persone approdate al Meyer da altre realtà sanitarie, oppure completamente rivoluzionate nel ruolo e nella veste. Si tratta di una riunione del tutto priva di gerarchie e che prevede la totale libertà di dissenso, coinvolgendo quindici persone che per anni hanno portato avanti questa abitudine, e che in due ore dense e creative hanno dato inizio alla settimana amministrativa del Meyer – abitudine, purtroppo, che soltanto l'arrivo della pandemia avrebbe interrotto.

Credo davvero che sia questo il significato di *leadership* collettiva: fare in modo che un organismo assorba la cultura aziendale per crescere in autonomia, dove non esiste un unico capo, ma dove ciascuno è leader al pari dell'altro. Non un unico fuoco, bensì tanti fuocherelli che si nutrono di passione, di *costruire*. È un invito alla discussione, un setaccio critico dove il contrasto è positivo perché aiuta a rimettersi coi piedi per terra, e che permette di fare ciò che Olivetti definisce "un'utopia concreta".

Un po' come nei cantieri delle grandi cattedrali medievali, dove scalpellini e manovali lavoravano fianco a fianco con gli architetti. Sapevano che non avrebbero mai visto ultimati quei progetti, ma ciò non impediva loro di continuare a costruire, a costruire il futuro. È un approccio per me fondamentale, il *cathedral thinking*, perché è un invito a mettere in piedi qualcosa che vada oltre noi stessi, che proseguirà a prescindere da noi.

Perciò incontrarci ogni settimana è servito a cimentare una programmazione, a non vivere alla giornata e a lavorare tenendo bene in mente gli obiettivi a breve e a lunga durata. Come uno sguardo strabico: un occhio fisso sulle urgenze del momento e uno puntato all'orizzonte, al futuro. Programmare e organizzare, per non perdere di vista l'obiettivo di un grande Meyer, il sogno che mi ha guidato fin dall'inizio.

Per me è stato importante mostrare all'ospedale che non doveva adagiarsi sugli allori, su quelle glorie perdute che appartenevano a un passato mitico, avvolto dalla nebbia dell'autoreferenzialità. Il passato è, sì, importante, è la chiave per costruire il futuro, ma deve avere senso e dobbiamo essere noi a darglielo. Perciò da subito ho cercato di lavorare molto sull'orgoglio di appartenenza, sulla fierezza delle nostre radici.

Ecco perché ho voluto trasformare l'ingresso della Direzione in un piccolo museo del Meyer, con le fotografie dell'Archivio Locchi: per far respirare la nostra grande storia a chiunque entri, rafforzando l'orgoglio e trasformandolo in un obiettivo per il futuro. Ed ecco perché, tra brainstorming e riunioni, lunedì dopo lunedì, insieme alla Tribù ha preso forma l'ambizioso programma *Meyer+: Il Meyer diventa più grande. Più grande per i più piccoli* e il disegno di una nuova organizzazione.

Insieme e *noi*, due termini che mi piacciono molto e che racchiudono molta della forza del Meyer. È il motivo che mi ha portato a fondare, nel 2015, una rivista dedicata a tutti i pediatri italiani chiamata *We people*, che è andata a sostituire un giornale scientifico precedente dal titolo *Molto Meyer*. Volevo che il cambio del nome chiarisse già l'orizzonte verso cui guardare.

Un orizzonte comune, fatto non solo di programmi ambiziosi, ma anche di piccoli, grandi interventi. Il già citato sguardo strabico. Penso che la forza del Meyer stia proprio in questo: procedere su due binari, presente e futuro.

Di certo, è lo spirito che ci ha portati, a novembre 2015, a inaugurare la stanza "Latte di Mamma", che si trova a un passo dalla Terapia Intensiva Neonatale, al primo piano dell'ospedale. Luci soffuse, musica rilassante. Lì le mamme possono tirarsi il latte a pochi passi dai loro piccolini ricoverati, senza dover attraversare tutto l'edificio per farlo, come accadeva prima.

Io non sono un medico, il mio lavoro non è stare a contatto coi pazienti. Tuttavia, ciò non ha impedito che negli anni si creassero dei rapporti tra me e le famiglie, soprattutto quelle segnate dal lutto. È il caso dei genitori di Alice, la bambina di soli due anni rimasta vittima, insieme alla zia, di un terribile incidente nel Parco delle Cascine di Firenze.

Il padre e la madre, nonostante il dolore, hanno trovato la forza per ricordarle. Insieme alla Fondazione Meyer, è stato realizzato un perimetro di gioco all'aria aperta, nel parco dell'ospedale, per tutti i pazienti in cura, che è stato chiamato "Il giardino di Cice", come la bambina veniva affettuosamente chiamata. Ricordo un'inaugurazione gremita e molto toccante, a cui è seguito un concerto di voci bianche che mi ha fatto venire la pelle d'oca.

Migliorare e migliorarsi. La costante ricerca di idee per condurre il Meyer nel futuro mi ha portato a intraprendere un triennio di viaggi nei templi della pediatria mondiale. Due in particolare hanno caratterizzato il 2015: il Boston's Children Hospital e il Children's Hospital of Philadelphia (CHOP). Il senso di questi viaggi è stato quello di aprire la mente al personale, nell'ottica di abbandonare la vecchia concezione da "ospedalino", ma anche di coltivare la volontà di curare i rapporti internazionali.

"Noi non ci arriveremo mai!" È stata la prima cosa che ho detto a Katie, la Responsabile delle Relazioni Internazionali, venuta insieme a me e Gianpaolo in entrambe le occasioni. "Non arriveremo mai a questi livelli!"

Poi, però, ho capito che non dovevamo necessariamente essere come loro, ma imparare *da* loro. Imparare e importare, sradicando l'idea che "il Meyer è il migliore".

Be', è ovvio che il Meyer è il migliore, se non si punta lo sguardo un po' più in là. Andiamo oltre!

Al Boston's Children Hospital è nata un'amicizia con la Direttrice, Sandi Fenwick, che mi ha insegnato tanto. Pur dirigendo un colosso mondiale della medicina, il centro pediatrico di Harvard, ho visto in lei una *leadership* gentile e al tempo stesso risoluta. A conferma che la mitezza può essere anche forza, e che la gentilezza si può sposare con la determinazione.

Soprattutto, Boston mi ha aperto gli occhi. Il sistema nazionale della sanità americana, com'è noto, ha tante, troppe pecche. Gli ospedali pediatrici, però, sono tutta un'altra faccenda. Si basano su una generosissima filantropia e su fondazioni private no-profit che, di fatto, possiedono gli ospedali. Bilanci enormi che consentono di fare cose impossibili altrove.

Gli Stati Uniti sono stati un grande apprendistato che mi è servito per la creazione di strategie generali, nella realizzazione di piccole e grandi cose. Là ho imparato che occorre tempo per costruire qualcosa di bello. Servono pazienza e tenacia, e anche un pizzico di follia.

3. Viaggiare e guardare lontano

"Il progresso è l'opera dell'insoddisfazione."
Jean-Paul Sartre

Il Meyer si sta animando, dalla Hall Serra alle mie spalle risuonano voci, risate e anche qualche bizza. I medici degli ambulatori hanno già cominciato con le visite, vedo famiglie cercare di orientarsi all'interno di un ospedale che è cambiato molto – e che sta ancora cambiando.

Saluto alcuni colleghi, mi fermo a fare due chiacchiere e poi, mani in tasca, continuo la mia passeggiata. C'è ancora tempo prima della riunione, e io non ho una meta precisa. È così che mi ritrovo davanti a una targa che conosco molto bene.

"Sergio Levi", mormoro tra me e me, leggendo il nome inciso sulla targa di ottone che ricorda il provvedimento dell'ateneo fiorentino. Un tempo quel nome non mi avrebbe detto niente, ma tutto è cambiato quando ho cominciato a scavare nella storia del Meyer.

Autunno 1938. Allora, Sergio Levi era un giovane pediatra, assistente volontario al Meyer, però era anche ebreo e ciò gli costò un decreto di espulsione firmato dall'Università degli Studi di Firenze. Un rigo sul suo nome e via, semplice applicazione delle leggi razziali.

Da un giorno all'altro, Levi – e un secondo pediatra di cui, purtroppo, non sono riuscito a rintracciare i familiari – si ritrovò senza lavoro. Costretto a svolgere la professione privatamente, dovette curare soltanto bambini ebrei come lui. E ben presto non fu a rischio solo il suo ruolo di medico, ma anche la sua vita.

La storia di Levi è comune a quella di molti altri e appartiene alle pagine più tristi del nostro Paese. Racconta della vergogna di essere ciò che si è, della perdita del futuro.

Riuscirà a salvarsi, attraverserà molte vicissitudini e una fuga rocambolesca in Svizzera, e quando finalmente tornerà a Firenze, l'incubo della guerra ormai alle spalle, non troverà più un posto al Meyer. A dispetto di tutte le traversie e il dolore che ne hanno segnato l'esistenza, Levi diventerà uno dei padri fondatori della neuropsichiatria infantile italiana, arrivando a collaborare con scienziati del calibro di Giovanni Bollea.

Dal momento in cui mi sono imbattuto nelle vicende professionali e umane di Sergio Levi, ho voluto fortemente che qui ci fosse una traccia che lo ricordasse. Che ricordasse a tutti cosa siamo stati. Ecco perché, in occasione della Giornata della Memoria del 2016, il Centro Studi della Fondazione Meyer insieme alla Comunità Ebraica di Firenze hanno organizzato l'evento *Per non dimenticare Sergio Levi*, durante il quale, oltre a ripercorrerne la vita e a ricordarne il grande contributo scientifico, si è inaugurata la targa commemorativa che ho davanti agli occhi.

Il Meyer, come tutto il Paese, è passato anche attraverso due guerre mondiali, il governo fascista, le leggi razziali. La grande storia del Novecento. E, nonostante le bombe e le mille difficoltà, ci sono sempre stati piani di ampliamento a cui, poi, mi sono aggiunto anche io. Un'unica storia che racchiude tante storie, dove il presente è solo un pezzettino che si aggiunge.

Durante il 2016, si sono celebrati i centoventicinque anni del Meyer attraverso una mostra fotografica. Ho voluto, inoltre, ricordare il primo paziente preso in cura, il piccolo Bettino, arrivato in ospedale il 19 febbraio 1891. Per questo fu realizzato da Poste Italiane un francobollo celebrativo.

Perché è così importante Bettino? Be', perché è il primo paziente di un lunghissimo elenco che oggi arriva a contare bambini da tutta Italia e dal mondo. È anche grazie a lui se il Meyer è nome tanto noto. Bettino è il simbolo di una spinta che non si è esaurita nel tempo, una missione che non si è persa.

La storia è storia e conoscerla crea appartenenza. Credo fermamente nell'importanza di dare valore e simbolo alle date, perché non c'è amore senza memoria.

Amore. Questa parola mi frulla in testa, mentre salgo le scale, oltrepasso la Ludoteca e apro la porta per ritrovarmi nell'orto-giardino. La mattina presto fa ancora freddo, nonostante la primavera sia già qui. La nuova stagione sembra sopita, come in attesa.

Amore. È un sentimento complesso, impossibile da comprendere o sintetizzare. È impossibile spiegare il sentimento racchiuso nei cuori di Leonardo e Benedetta, due genitori che ho incontrato una sera a cena, il 29 gennaio 2016. La loro bambina, Marta, era mancata dodici anni prima a soli nove mesi e dalla sua morte era nata la Fondazione martacappelli Onlus.

Morte e vita, amore e dolore. I genitori di Marta avevano

preso una decisione difficilissima: trasformare la loro sofferenza in qualcos'altro e mettere la propria terribile esperienza a supporto di genitori che si sarebbero trovati in una situazione simile. Per non lasciarli soli, come loro non erano stati mai.

Da quella cena è nata un'amicizia e, soprattutto, una scelta: costruire un *hospice* pediatrico vicino all'ospedale, una struttura sanitaria altamente specializzata dove il bambino possa sentirsi come a casa e ricevere le cure palliative di cui ha bisogno.

Casa Marta nel tempo è diventata molte cose. È una colonica donata dalla Curia, dove trovano spazio quattro mini-appartamenti dedicati al fine cura di pazienti terminali in età pediatrica. È la volontà di offrire una dimensione di casa a chi a casa non può andare. È una battaglia di civiltà, un progetto che ho sposato da subito, senza esitazione. Ed è il percorso che abbiamo deciso di intraprendere insieme, quel 29 gennaio del 2016; un percorso lunghissimo che si è scontrato spesso con la lentezza della burocrazia, ma che oggi è un cantiere che sarà concluso nei primi mesi del 2024.

Casa Marta è il primo *hospice* pediatrico toscano e porrà il Meyer all'avanguardia internazionale. Soprattutto, Casa Marta è il frutto dell'impegno coraggioso di due genitori che hanno voluto onorare la memoria della loro figlia, donando tempo e risorse per aiutare famiglie in difficoltà.

La morte in un ospedale è un termine dell'equazione, purtroppo lo è anche in un ospedale pediatrico. Ma la verità è che, per quanto si possa essere formati e preparati, non si è mai davvero pronti ad affrontarla. Penso ai miei genitori, che per tenere a bada il loro lutto hanno preferito il silenzio, il non detto. Nascondere per evitare di vedere, tacere per provare a non soffrire. La morte, per loro, era diventata come un tabù.

Perché, è vero, la morte è quello strappo doloroso che non capiamo, che non accettiamo. È una domanda che non ci abbandona mai, che porta continuamente a chiederci: "Perché?"

Leonardo e Benedetta mi hanno mostrato che dalla morte può scaturire un atto d'amore che si moltiplica nel tempo. Come Giovanni Meyer decise di fondare un ospedale per mantenere acceso il ricordo della moglie Anna, così loro hanno dato vita a un progetto bellissimo che oggi si lega ai destini e ai lutti di altri genitori, di altre famiglie.

Come "Il giardino di Cice", Casa Marta è un semino che riesce a germogliare nonostante tutta la neve e il gelo, che mette radici. Un'esperienza molto forte che rientra tra i grandi investimenti che il Meyer ha fatto. Che sta continuando a fare.

A dire il vero, è tutto il 2016 a essere ricco di esperienze forti. Penso, ad esempio, a Lampedusa. Era un anno di sbarchi, che si aggiungeva a un già nutrito elenco di sbarchi e naufragi, il più terribile dei quali risaliva al 3 ottobre 2013, in cui persero la vita oltre trecento persone.

Di fronte a un flusso migratorio tanto grande, al Meyer sentimmo il dovere di fare qualcosa. C'era bisogno di offrire assistenza ai moltissimi bambini che arrivavano, considerando che sull'isola non c'era un pediatra, ma solo un poliambulatorio diretto da un medico. Quel medico si chiamava Pietro Bartolo, protagonista nello stesso anno di *Fuocoammare*, lo struggente documentario di Gianfranco Rosi candidato all'Oscar, nonché vincitore di numerosi premi.

Quindi abbiamo dato il via al programma *Bambini nel mondo*. Una task-force umanitaria pronta a intervenire in situazioni di emergenza in raccordo con la Protezione Civile regionale e nazionale. Questa task-force di operatori Meyer appositamente formati e nata con Lampedusa, è stata, inoltre, drammaticamente impiegata nel marzo 2022 in Polonia alla frontiera ucraina a sostegno dei bambini nei campi profughi per la guerra.

In accordo con l'Università degli Studi di Firenze, si decise di mandare a Lampedusa anche gli specializzandi in pediatria. Fummo i primi a farlo.

L'aiuto prezioso del Meyer, poi, non si limitò ai bambini migranti, ma coinvolse quasi immediatamente anche i bambini lampedusani. Con l'occasione vennero controllate le vaccinazioni e tutte quelle cose che, in un'isola tanto piccola, erano passate in secondo piano.

Con Pietro Bartolo ci fu uno scambio fecondo. Lo invitai a venire al Meyer a tenere una conferenza, e ricordo l'auditorium gremito.

Credo molto nell'importanza di portare in ospedale testimoni di storie diverse e uniche. Serve ad allargare la mente e la prospettiva. Apre gli occhi, ci consente di diventare più di un ospedale: una comunità, dove ciascuno è chiamato a fare la sua parte per il bene comune.

Non ci siamo fermati a Lampedusa. Io stesso andai a visitare Tunisi, dove si trova l'unico grande ospedale pediatrico nel Nordafrica. Una bella esperienza da cui nacque un gemellaggio col Meyer e, ovviamente, con Firenze. Un'altra preziosa opportunità per gli specializzandi fiorentini di ampliare la loro formazione, che diventa un investimento sui giovani, ma anche la possibilità per ritagliarci un ruolo nel Mediterraneo.

C'era sempre stata l'idea di farsi carico dei bambini del mondo, perché ogni bambino è importante, ogni bambino è il futuro, e con Tunisi questo obiettivo è diventato realtà. So che in molti ciò crea disagio, fa storcere il naso, porta a chiedersi: "Ma come, non dovevate occuparvi dei nostri bambini?" Si ha sempre la paura che questo impiego di risorse sottragga linfa al Servizio Sanitario Nazionale. Invece non è affatto così, semmai le moltiplica. È un accrescimento per tutti.

Nell'ottica di fare rete su vari livelli, e federarsi per combattere battaglie comuni, nel 2016 prendeva forma un progetto per mettere in connessione tutti i poli pediatrici presenti negli ospedali della regione e non solo. Anche tutti i pediatri di famiglia sarebbero stati coinvolti.

Attraverso l'accordo strategico tra la Fondazione Meyer e Google, venne creato un laboratorio sull'innovazione, i cui obiettivi prevedevano, tra le altre cose, un processo di *digital transformation* dell'ospedale e lo sviluppo della didattica che il Meyer Health Campus avrebbe realizzato in seguito. Nello stesso periodo, l'ospedale venne letteralmente attraversato da oltre 12 chilometri di fibra ottica di ultima generazione per realizzare una vera e propria autostrada telematica che avrebbe consentito una velocità di connessione dieci volte superiore a quella precedente. Questo investimento avrebbe poi consentito la piena attuazione del progetto di adozione per tutto l'ospedale di un'unica cartella clinica elettronica: via tutta la carta!

La rete pediatrica regionale, così, era molto più connessa. Potrà sembrare banale, ma fornire a tutti i pediatri toscani una piattaforma digitale condivisa (*www.retepediatrica.toscana.it*), sulla scia di esperienze internazionali innovative, ha consentito la condivisione di pratiche, conoscenze e informazioni. Ha significato mettere a sistema capacità ed esperienze, tanto da costituirsi come modello di riferimento nazionale.

Oggi il concetto di *smart working*, soprattutto dopo la pandemia, è stato ben assimilato, non ci sembra più così "esotico". Nel 2016, invece, era ancora una modalità di lavoro assolutamente innovativa, un vero e proprio cambiamento culturale. E questo è ciò che è stato, da subito, il portale che abbiamo messo a disposizione a tutti i pediatri toscani: un nuovo modo di lavorare a vantaggio della salute dei bambini.

Parallelamente al processo per rendere il Meyer casa comune della pediatria regionale, ho fortemente voluto portare avanti una significativa apertura verso il mondo. Spinto dalla convinzione che guardare oltre sia l'unico modo per non soccombere; sprovincializzarsi per crescere e maturare.

Con questo pensiero volai a Barcellona, dove si trova l'Hospital Sant Joan de Déu, uno dei più importanti ospedali pediatrici d'Europa. L'amicizia con il Direttore Manel Del Castillo Rey ha generato un felice scambio d'idee e proposte che si è poi tradotto in un accordo siglato proprio quell'anno.

Dopo l'Executive Forum mondiale degli ospedali pediatrici, tenutosi in Canada, a Montreal (CHIEF, Children's Hospitals International Executive Forum), cominciammo a lavorare insieme ad attività specifiche in vari campi. Ad esempio, l'organizzazione di eventi e gruppi di lavoro congiunti per costituire una base di conoscenza comune; il confronto degli standard qualitativi e quantitativi, dato che i due ospedali si trovavano a operare in contesti socio-sanitari simili tra loro; lo sviluppo di un gemellaggio di professionisti nell'ottica di una formazione continua e reciproca. Un ponte che univa Firenze e Barcellona, insomma.

Era un altro tassello che si aggiungeva al quadro del Meyer, un importante passo avanti verso la dimensione di più ampio respiro che fin dall'inizio mi ha guidato. Esplorare nuovi orizzonti significa anche creare nuove opportunità per l'ospedale e, sì, anche per i pazienti. Uscire dalla autoreferenzialità per supportare lo stesso sistema sanitario sempre meglio e con idee nuove.

Insieme al Direttore Del Castillo Rey, un uomo che mi ha molto ispirato, e a Katie, volammo poi a Londra, in un altro tempio della pediatria europea, il Great Ormond Street Hospital, a cui nel 1929 lo scrittore James Barrie aveva ceduto i diritti di una sua celebre opera. Quell'opera era *Peter Pan* e forse non tutti sanno che le royalties del romanzo aiutano l'ospedale da ormai quasi cento anni!

Dalla nostra chiacchierata emerse la volontà di costruire una rete europea di ospedali pediatrici, un progetto che prenderà corpo l'anno dopo.

Ho sempre cercato di costruire qualcosa, ho sempre cercato nuovi stimoli per evitare di tornare al punto di partenza, a un'organizzazione appiattita sul presente. Per lavorare su più fronti – che poi, in fondo, sono un unico orizzonte – serve molta energia, è vero, e trovarla ogni giorno in una vita che procede a ritmi frenetici è una vera sfida. Io stesso, a ripensarci adesso, mi chiedo come ho fatto a gestire tutti questi impegni, i numerosi voli in giro per il mondo a raccogliere idee per il Meyer, per far crescere un ospedale che sento un po' come casa mia. Ci si fa in quattro, ci si augura di moltiplicarsi, si sognano giornate di trenta ore. Si corre e si commettono degli sbagli, è naturale. Eppure, in mezzo alle mille iniziative, alle ore di formazione sul campo a Lampedusa e a Tunisi, i medici e gli operatori hanno comunque svolto bene il proprio mestiere, prendendosi cura dei pazienti del Meyer.

È un processo creativo che si autoalimenta, che genera nuova linfa, ed è stato grazie a quella linfa che abbiamo gettato le basi del progetto *M+*, per la crescita e lo sviluppo dell'ospedale. Un progetto ambizioso che, di fatto, avrebbe visto il lancio vero e proprio l'anno successivo.

Riattraverso l'ospedale ed esco da una porta laterale che mi conduce nel piazzale d'ingresso, dove un via vai di macchine anima il parcheggio. In mezzo alle tante mamme mano nella mano coi loro figli, rivedo la necessità di cambiamento che ci ha portati nel 2016 a ripensare questo enorme spazio.

"Il parcheggio è così grande che, una volta fuori, si fatica a ritrovare la macchina!"

Il punto di partenza è stato una delle tante segnalazioni che riceviamo. Un problema che si trasforma in un'opportunità. Da qui la decisione di riqualificare il parcheggio dell'ospedale, che ha cambiato completamente veste per diventare… uno zoo.

I cartelli con semplici numeri scritti sopra vennero sostituiti da sagome colorate di animali esotici, affinché tornare alla propria auto, dopo una giornata stressante di visite ed esami, potesse diventare un gioco in cui i protagonisti erano, e sono tuttora, i bambini.

Com'è noto, anche l'ambiente più piccolo nel tempo presenta varie necessità di manutenzione. Il Meyer, coi suoi 30.000 metri quadri di ambienti interni ed esterni, ogni giorno ha bisogno di tanti accorgimenti e interventi. I grandi progetti di miglioramento devono sempre affiancarsi a micro-interventi.

Con me ho portato la voglia e la determinazione di respirare con due polmoni, il polmone del presente e quello del futuro. Perché non c'è futuro senza il quotidiano, ma è attraverso il quotidiano che si prepara la strada per ciò che deve ancora compiersi.

Nella stessa ottica, venne ripensata anche la radiologia, prima anonima e chiusa, che ora è diventata una giungla con vetrofanie e istallazioni. Lo stile Meyer è anche questo: offrire un ospedale a misura di bambino, certo, ma soprattutto generare stupore e meraviglia, trasformando un luogo di cure troppo spesso spiacevoli in uno spazio confortevole e accattivante.

Così come le "Finestre dei sogni", due grandi schermi progettati per sognare, realizzati dallo scenografo Giuseppe Ragazzini, che fiorirono nella primavera dello stesso anno. Lo scopo era offrire a bambini e genitori delle immagini con cui rilassarsi e svagarsi. Per lasciare andare un po' la mente mentre si è in attesa delle visite ambulatoriali.

Nel 2016 nacque anche il nuovo Centro di Sordità Infantile con il motto "*So all can hear!*", per dare a tutti i bambini la possibilità di udire, trovando la soluzione per ogni problema di handicap uditivo, con ripristino dei meccanismi biologici dell'udito (chirurgia del sistema di trasmissione del suono, malformazioni congenite, displasie della capsula otica, eccetera) oppure con l'applicazione di sistemi elettronici.

In effetti, il 2016 è stato un anno di continui miglioramenti, fondativo di tanti programmi nuovi o che avrebbero acquistato concretezza soltanto dopo, con pazienza. È un ribollire di idee, un costante fermento, che tuttavia va di pari passo con la lentezza. Perché, se c'è una cosa che ho capito dal mio arrivo al Meyer, è che per realizzare qualcosa di buono ci vuole tempo. Tempo per ideare, tempo per costruire, tempo anche per fare i conti con la burocrazia. Per cadere e per rialzarsi.

Tempo per generare bellezza.

La bellezza è doverosa, e la fretta è nemica della bellezza.

Spesso nel nostro Paese quello che manca è proprio l'attitudine ad avere una visione che superi il breve termine; la classe politica si propone sempre obiettivi di raggio limitato per ragioni di consenso o di mandato, ed è una pratica talmente comune da avere persino un nome: *shortermism*.

Il problema è che, anche quando questi obiettivi vengono raggiunti, non producono poi un reale impatto di cambiamento. Le trasformazioni profonde richiedono visione, coraggio e tempo.

Io credo di aver compensato la scarsa pazienza e irrequietezza del mio carattere con tanta tenacia e con la voglia di non mollare mai. Per il bene del Meyer.

4. Potere e cambiamento

> "Non c'è niente di più difficile da condurre, né più dubitoso di successo, né più dannoso da gestire, dell'iniziare un nuovo ordine di cose."
>
> Niccolò Machiavelli

Giungo davanti al rinnovato Centro Dialisi e Nefrologia e non posso fare a meno di ripensare a com'era.

La prima volta che lo visitai ricordo che pensai: "Come si fa a tenere il reparto Dialisi in un corridoio, senza nemmeno una finestra che affacci sul giardino!" Un ambiente dove un paziente nefrologico è costretto a passare interminabili ore attaccato a una macchina, tre volte alla settimana, non poteva assolutamente essere così cupo e grigio. A maggior ragione se si tratta di un bambino. Sentivo che dovevo fare qualcosa.

Così presi una decisione impulsiva, come spesso mi è capitato di fare da quando sono al Meyer, e che, tuttavia, credo si sia tradotta in qualcosa di bello. Decisi di trasformare uno dei due auditorium dell'ospedale – un'area complessiva di 300 metri quadrati – in un nuovo reparto che fosse davvero a misura di bambino.

La collocazione sarebbe stata più idonea, sia in termini di percorsi che di umanizzazione, avvalendosi sempre di tecnologie moderne. Ed era un'altra voce del piano di sviluppo *M+*

con cui intendevo cambiare volto all'ospedale nei seguenti tre anni.

"Chiedo a tutti un sacrificio", annunciai al personale.

All'epoca, quello spazio veniva molto sfruttato per fare corsi, convegni e incontri, e non aveva nulla che rimandasse a un Centro Dialisi. L'ambiente era sprovvisto di scarichi, dotato di un impianto elettrico normale; si sarebbe dovuto ripensarlo completamente, progettare, sbancare, fare un grosso investimento. Però aveva una grande pregio: meravigliose finestre affacciate sul nostro bellissimo parco.

La mia scelta poteva suonare insensata, ma io avevo già in mente di ampliare l'ospedale e di costruire il Meyer Health Campus, dotato di ben due auditorium. Anche "sacrificandone" uno, il posto non sarebbe comunque mancato. Quindi sono andato avanti.

Non è stata un'operazione facile, come sempre, del resto, quando si deve fare i conti con la burocrazia italiana. Però ce l'abbiamo fatta e siamo riusciti a inaugurarlo in una data fortemente simbolica per il Meyer: il 13 dicembre 2017.

Nel mio progetto di dare significato alle date, ho voluto che l'ospedale disponesse di questo nuovo bellissimo spazio lo stesso giorno in cui, nel 1883, morì Anna Fitzgerald. È solo un simbolo, in fondo, ma i simboli ci servono: sono necessari a creare un ponte col passato, il nostro, rafforzandone la memoria.

Come l'ospedalino di Firenze fu il dono di Giovanni Meyer, così il nuovo Centro Dialisi e Nefrologia è sorto grazie a una diffusa solidarietà – si pensi che la Fondazione Meyer ha sostenuto il finanziamento quasi in toto, e stiamo parlando di circa 900.000 euro!

Come molti sanno, la dialisi è quella terapia cronica che costringe il paziente a stare attaccato a una macchina anche per quattro ore. Ciò si traduce in un impiego di postazioni e spazi piuttosto lungo. Il nuovo reparto, dotato complessivamente di sei postazioni – tre in più di prima –, è stato pensato per effettuare solo turni pomeridiani, così da consentire a tutti i bambini dializzati la continuità scolastica.

Il reparto racchiudeva in sé tecnologie all'avanguardia, ma anche, e soprattutto, il concetto di *green hospital*. Il Meyer ha, infatti, uno dei più grandi parchi ospedalieri d'Europa ed era davvero un peccato che il Centro Dialisi non potesse beneficiare di tutto quel verde.

La superficie è stata pensata e arredata sulla base del progetto "Il bosco del Meyer", che ha reso gli spazi più accoglienti e funzionali. Più simili a una casa. Perché il punto è proprio questo: trasformare un ambiente ospedaliero, che è fin troppo facile immaginarsi asettico e freddo, in un luogo caldo e confortevole; in una dimensione familiare, come di una casa in mezzo a un bosco, in cui tutti, bambini e operatori sanitari, possano anche solo per pochi istanti dimenticare di trovarsi in ospedale, e vivere malattia e cura come un'esperienza in famiglia.

Ho voluto che gli alberi del parco del Meyer si rispecchiassero fin dentro il Centro Dialisi, perché un reparto dove i bambini devono per forza stare fermi a lungo merita un'attenzione particolare. Perciò chiesi aiuto ad Arianna Papini, una delle massime illustratrici italiane per l'infanzia, e lei con la matita è riuscita a cogliere nel segno, trasportando sulle pareti piccoli animali del bosco toscano. Cinghiali, cervi, istrici, volpi, upupe, colombacci e barbagianni: rari e meno rari, idealmente sono gli stessi animali che abitano qui vicino, sugli alberi e sulle colline che si scorgono dalle finestre. Non si tratta solo di disegni, ma di provare a dare continuità al territorio, facendo entrare la vita esterna dentro le mura dell'ospedale.

All'inaugurazione, oltre a me, erano presenti il Cardinale e Arcivescovo di Firenze, Giuseppe Betori, Stefania Saccardi, assessore per il Diritto alla Salute della Regione Toscana, e Gianpaolo Donzelli, presidente della Fondazione Meyer. Io ero visibilmente commosso.

"Signori, io ve lo dico: quest'omo non si ferma", disse il Cardinale, strappando una risata al pubblico. "Non si ferma per niente."

La frase entrò da subito nel lessico del Meyer. Mavi, la mia addetta stampa, mi ha addirittura regalato una tazza con la scritta "quest'omo non si ferma". Ma, ironia a parte, l'emozione che ho provato a veder terminato il Centro Dialisi è stata davvero grande, quasi mi ha sorpreso.

Avevamo già fatto mille progetti e inaugurazioni, ma quella era la prima grande realizzazione dopo tre anni dal mio arrivo alla direzione dell'ospedale. L'idea, lo sforzo, l'attesa. L'emozione che ho provato ad aprire le porte del nuovo reparto non la potrò scordare mai.

Lo stesso anno, il Meyer fece un'altra scelta importante: istituire anche un reparto di Riabilitazione. In quanto ospedale di cura di terzo livello, non dobbiamo occuparci di riabilitazione e fisioterapia dopo le dimissioni. I pazienti che ne avevano necessità venivano indirizzati verso altre realtà, spesso fuori regione, in particolare il Veneto.

"Dobbiamo creare una risposta integrata anche qui", avevo detto alla Tribù del Lunedì.

Si decise, dunque, di coinvolgere il Don Gnocchi, un grande centro di riabilitazione vicino all'ospedale Torregalli di Firenze, ed è così che lì è nata una specie di succursale in "stile Meyer", un reparto con illustrazioni giocose e arredi che ricordano quelli dell'ospedale pediatrico.

Non avremmo mai potuto riuscirci senza l'aiuto concreto della Fondazione Tommasino Bacciotti, creata da due instancabili genitori, Paolo e Barbara, che, dopo la prematura scomparsa del figlio nel 1999, hanno deciso di spendersi per gli altri. La perdita e il lutto non erano riusciti a soffocare il ricordo della voglia di vivere di Tommasino, ed è in memoria di quella formidabile energia che Paolo e Barbara avevano istituito un fondo benefico permanente da dedicare allo studio di tumori cerebrali infantili e al sostegno delle famiglie colpite.

Le cure oncologiche spesso sono molto lunghe e non tutte possono essere effettuate a casa propria. Settimane, mesi, da passare vicino a un figlio ricoverato in ospedale: chi può permettersi un soggiorno in albergo per sei mesi? È questo il motivo per cui la loro Fondazione mette oggi a disposizione più di venticinque appartamenti attorno al Meyer: per dare ospitalità, supporto.

Ecco che ritorna, forte, la volontà di offrire una dimensione familiare, quotidiana, laddove di quotidiano c'è ben poco.

Paolo e Barbara, come i genitori di Cice, di Marta e di molti altri bambini che ci guardano dal cielo, hanno voluto trasformare la morte in qualcos'altro. Dal seme di un dolore infinito è sorta nuova vita, nuova energia. Senza voler tacere o dimenticare, ma semplicemente ricordando.

Ricordare. Il 2017 è un anno in cui si è ricordato anche il primo decennio della nuova sede e lo si è fatto celebrando un evento emozionante, rimasto profondamente impresso nella memoria di Firenze: la *Notte dei Bambini*.

Era il 14 dicembre 2007 quando una carovana di ambulanze conduceva, sotto gli occhi della città, gli ultimi pazienti dalla storica sede di via Luca Giordano 15 al nuovo ospedale. Firenze parve fermarsi. Si crearono cordoni di persone come durante le gare ciclistiche, la gente tratteneva il fiato guardando le ambulanze, immaginandosi le storie e i volti dei bambini che esse trasportavano. Chi salutava, chi batteva le mani.

La Notte dei Bambini è stata l'omaggio di un'intera città ai suoi piccoli pazienti, e anche la fine di un'epoca, una storia che si chiudeva. Il vecchio ospedalino, fondato da Giovanni Meyer, cedeva il testimone a un edificio più grande e moderno.

Nel 2017 ho voluto celebrare quel passaggio di consegne scrivendo un altro capitolo: la vendita della vecchia sede di via Luca Giordano 15 alla Regione Toscana. L'iter sarebbe stato davvero molto lungo – oserei dire quasi infinito –, ma è lì, nel 2017, dieci anni dopo quella famosa notte, che siglai il protocollo d'intesa che in seguito, nel febbraio 2022, si sarebbe tradotto nel definitivo cambio di proprietà. Così avremmo ceduto la storia del Meyer – la *nostra* – alla Regione, proprio quando ricorreva il decennale del nuovo ospedale.

Nell'accordo era previsto che al Meyer sarebbe rimasta una parte dell'ospedalino, la più antica, in comodato d'uso gratuito. Un atto simbolico che, tuttavia, racchiudeva in sé un grande significato: è in quello spazio, che rappresenta le nostre radici, che intendo realizzare l'archivio del Meyer, un presidio di memoria che si tradurrà in un Centro di Documentazione Storica della Pediatria fiorentina, in accordo con la Soprintendenza Archivistica di Firenze.

Le cartelle cliniche stilate tra la fine dell'Ottocento e l'inizio del Novecento sono un patrimonio scientifico enorme, perché non solo raccontano la nostra evoluzione, ma diventano fondamentali nello studio e nella comprensione delle malattie. E qui stiamo parlando di una storia che dal 1891 arriva fino al 2007!

Così ho venduto il vecchio Meyer, quello che Giovanni aveva fondato in memoria della sua Anna; il *loro* ospedale. Non l'ho fatto a cuor leggero, però so che tutte le mie azioni, dal momento in cui sono arrivato qui, sono state sempre per il bene dell'ospedale.

Sì, ho venduto il *loro* Meyer, ma con lo scopo di far crescere il nuovo, di farlo diventare più grande e innovativo. In fondo è un po' il senso del messaggio: "Più grande per i più piccoli". Proiettare una realtà verso il futuro senza mai dimenticare la propria storia, il proprio passato.

I soldi della vendita, che avrei incassato successivamente, nel 2022, sarebbero serviti a finanziare il futuro Parco della Salute: quindici milioni di euro da destinare allo sviluppo del Meyer.

Ho spesso avvertito la presenza di Giovanni e Anna, mi sono chiesto cosa avrebbero pensato delle mie scelte, come avrebbero giudicato il mio operato. Era ciò che mi stavo domandando mentre guidavo la mia Cinquecento sulla via bolognese, all'altezza del nuovo cantiere del Parco della Salute, proprio dopo aver firmato il compromesso della vendita. Ricordo che ho visto un arcobaleno sovrastare tutto il Meyer come in un grande abbraccio. E ricordo anche di aver provato un'emozione potente, un diffuso senso di serenità, quasi fosse un segnale forte dell'aldilà. Ho sentito che, dovunque fossero, Giovanni e Anna erano contenti di quanto stavo facendo.

Ormai sono giunto quasi al termine del mio percorso, qui, al Meyer e non ho quel che si definisce "un attaccamento alla poltrona". Mi sento sereno, perché credo di aver partecipato a qualcosa di buono. Ho contribuito a creare una struttura solida, una comunità forte, e sono felice di consegnare tutto questo ad altri, quando sarà il momento.

È come un lento distacco emotivo. Quando sono arrivato volevo terribilmente restare, ora invece penso di essere pronto a lasciar andare. Un po' come accade coi figli: gli si tiene la mano, li si sorregge, finché non sono pronti a camminare da soli.

Mi è stato chiesto se per caso avessi paura che, dopo di me, la spinta a fare, a costruire, si sarebbe esaurita e la discesa avrebbe condotto a una situazione stagnante. La verità è che non ho un briciolo di timore per il futuro del Meyer, perché il lavoro che abbiamo fatto è andato così in profondità che il cambiamento non potrà che essere duraturo. Non solo a livello strutturale, ma anche e soprattutto sul piano delle risorse umane.

Un impulso del genere proseguirà per altri trenta, forse quaranta anni.

È un lavoro collettivo che resisterà al tempo, ne sono certo. E se chi verrà dopo di me alla guida del Meyer vorrà concentrarsi esclusivamente ad amministrare e basta, forse sarà anche un bene. Diamo il tempo all'organismo di assimilare le numerose trasformazioni. Un po' di calma!

Il 2017 è stato un anno fortemente cruciale, dove numerosi fili si sono intrecciati formando un disegno nuovo, bellissimo.

Sono volato a Shangai, al Children's Hospital International Executive Forum, per lanciare la candidatura del Meyer a ospitare il prestigioso Forum Mondiale degli Ospedali Pediatrici nel 2019. Ed è stato un anno che mi ha portato un grande accrescimento, soprattutto a seguito di un importante viaggio in Ohio, negli Stati Uniti. Il Cincinnati Children's Hospital Medical Center, infatti, è il secondo ospedale pediatrico americano più importante dopo quello di Boston, mentre il Nationwide di Columbus è il più grande per estensione a livello mondiale. Ma non si tratta solo di una terra ricca di eccellenze pediatriche: l'Ohio per ragioni storiche, che probabilmente affondano in certi aspetti della religione protestante, ha fatto della cultura della gentilezza la propria forza.

Andando lì con Katie e Gianpaolo, ho compreso davvero quanto fondamentale sia un'accoglienza attenta e gentile, intesa nel suo significato più profondo. Non sto parlando di vuoti sorrisi di circostanza, ma della cifra su cui impostare un sistema solido, costruire qualcosa di vero e reale.

Io sono rimasto davvero colpito da quella gente così generosa e gentile. Sembrava quasi che la parola "gentilezza" fosse comparsa per la prima volta in Ohio proprio di fronte a quegli ospedali, enormi e all'avanguardia, che si preoccupavano non solo di curare i bambini malati, ma anche di *costruire* salute.

È un concetto bellissimo, quello di costruire salute, così innovativo da apparire quasi utopico, eppure nel bel mezzo degli Stati Uniti d'America esso trovava concretezza.

Con il Direttore del pediatrico di Cincinnati, Michael Fisher, ho stretto un bellissimo rapporto. Adesso che lui è in pensione, è perfino venuto a trovarmi con la famiglia a Firenze. Michael Fisher è una di quelle persone che mi sono state di grande ispirazione come leader. Penso che nella vita abbiamo tanto bisogno di maestri, ma che abbiamo anche il dovere di andare a cercarli!

Il Cincinnati Children's Hospital Medical Center si preoccupa, a proprie spese, di edificare case per famiglie povere con bambini che in futuro sicuramente diventeranno adulti bisognosi di cure e supporto. Che graveranno, quindi, sul sistema sanitario. Si sceglie di andare alla base del problema, di preoccuparsi della comunità, ben sapendo che le disuguaglianze e la povertà hanno un impatto reale sulla salute degli individui, la determinano tanto quanto il bagaglio genetico. Bullismo a scuola, genitori che perdono il lavoro, case inadeguate: sono aspetti da non sottovalutare, perché influiscono sulla salute dei bambini in misura non indifferente.

Ecco perché si mettono in piedi ambiziosi programmi di edilizia popolare. Ecco perché si porta avanti un'apertura incredibile – e, direi, doverosa – verso la società in cui si è inseriti. Questo significa essere un soggetto politico. Questo è fare politica.

È una simile impostazione filosofica che ho voluto portare qui, a Firenze, per trasmettere anche solo un briciolo di quell'atteggiamento positivo e proattivo che però, sono sicuro, può fare la differenza.

Il Meyer deve avere un ruolo attivo nella comunità, farne la sua forza. Deve sapere cogliere le situazioni di disagio e anticipare i problemi che ne derivano. Promuovere salute, diventando attore di salute. Perché la salute è forse la più grande risorsa di una comunità ed è anche la base dello sviluppo economico di un territorio.

Per questo siamo chiamati a mettere in atto delle politiche di investimento e non sempre e solo sui servizi: pensare a progetti di comunità, pianificare interventi di *empowerment* dei soggetti fragili. Per consentire alle persone di mantenersi in salute, serve prima di tutto ridurre le disuguaglianze e curare le fragilità sociali. Dobbiamo imparare a intercettare le risorse di un territorio e a potenziarle, senza focalizzarci soltanto sui problemi in un'ottica riparatrice. Una volta tanto dovremmo giocare d'anticipo!

A ripensarci adesso, il 2017 è stato un anno davvero ricco per il Meyer, disseminato di grandi e piccoli traguardi, senza mai dimenticare quello sguardo al mondo che ci accresce l'orizzonte, troppo spesso rimpicciolito dalla quotidianità.

È stato un anno che si è chiuso con la visita emozionante della pediatra Aleida Guevara, figlia del celeberrimo Ernesto "Che" Guevara, giunta a Firenze dal William Soler Children's Hospital a l'Havana. Un incontro che mi ha fatto immensamente piacere perché, incontrando i nostri operatori in ospedale, la dottoressa Guevara è rimasta molto colpita dalla loro sensibilità. "Quella stessa sensibilità che solo chi vive per la cura dei bambini può avere", fu il suo commento.

5. Vita familiare e bene comune

"I giovani della nostra nazione sono lo specchio più chiaro delle nostre azioni."
Robert F. Kennedy

Nella nostra vita frenetica ci rimane davvero poco tempo per riflessione e introspezione. Spesso tutto ci scorre davanti agli occhi veloce, come il paesaggio fuori dal finestrino di un'auto in corsa. Non riusciamo a trovare momenti per fermarci, per guardarci intorno. Sto pensando proprio a questo, quando varco il portale – una grande porta in legno d'abete e vetro, che protegge senza nascondere – dello Spazio dello Spirito.

La spiritualità influisce in modo positivo sul benessere quotidiano e non solo; è anche un aiuto concreto nel processo terapeutico. Spiritualità che non necessariamente passa attraverso i dogmi di una religione, ma che è anche soltanto la mera credenza nel valore supremo dell'essere umano.

È in nome di questa dimensione spirituale che nell'Ospedale Pediatrico Meyer è sorto lo Spazio dello Spirito: un'oasi lungo il cammino in cui potersi soffermare, per qualche istante o un po' di più; un invito a scendere dall'auto per guardare davvero fuori, e magari anche un po' dentro noi stessi.

Lo Spazio dello Spirito è un luogo di condivisione, dove religioni e modi diversi di intendere il culto trovano accoglienza nel pieno rispetto dell'identità e delle peculiarità di ciascuno. La sua struttura circolare accoglie e abbraccia chi vi passa e vi sosta. Ed è qui che, il 14 gennaio 2018, il Meyer ospitò i rappresentanti di diverse comunità religiose – buddhista, ebraica, cristiana cattolica, cristiana evangelica, cristiana ortodossa, islamica – per invitare tutti a riflettere su un tema misterioso e doloroso, ma che tocca coloro che lavorano o transitano in un ospedale pediatrico: la sofferenza e la morte del bambino.

La cura, infatti, non è un processo esclusivo della scienza e della medicina, ma si ricollega anche alle risorse interiori di ogni individuo. Lo spirito ha bisogno di cura, come una pianta ha bisogno di acqua e sole per crescere.

La dimensione spirituale può offrire conforto, sostegno e speranza durante un momento delicato come un intervento o un processo di guarigione, riuscendo a colmare proprio quelle lacune per cui la razionalità spesso non ha risposte.

Ho notato che negli ultimi anni si è parlato molto del rapporto tra spiritualità e cura, forse perché si registra una richiesta crescente di trascendenza nel progetto globale di guarigione. È un desiderio di spiritualità che tocca da vicino l'ambiente sanitario e pediatrico. Perché, al di là del significato che ciascuna religione dà alla parola "Dio", ogni persona si somiglia nella costante ricerca di un significato più profondo da dare alla propria esistenza, al vivere quotidiano, alla sofferenza. Soprattutto, se quella sofferenza riguarda il proprio figlio, il fratello, la sorella. Più in generale, un bambino.

Il 2018 è stato un altro anno ricco, in cui sono continuate con forza le acquisizioni del personale. Direttamente dal Royal Manchester Children's Hospital, dopo aver lavorato per oltre vent'anni in Inghilterra, è tornato a Firenze il professor Antonino Morabito, massimo esperto a livello europeo di chirurgia pediatrica addominale.

Un arrivo, questo, che mi ha reso davvero orgoglioso sia perché, per una volta, si invertiva la marcia della cosiddetta "fuga di cervelli", e poi perché per costruire il grande Meyer che avevo in mente non bastavano piani di sviluppo strutturale. Il miglioramento per la salute e il benessere dei piccoli pazienti non poteva prescindere da una squadra di medici e operatori preparati e formati. E Morabito era un'altra eccellenza che si aggiungeva a quelle già presenti.

Sempre nell'ottica di quello stesso miglioramento, nel 2018 vennero siglati accordi strategici con il Centro Pronoterapia di Trento, una struttura all'avanguardia nello sviluppo di trattamenti a base di protoni su determinati pazienti oncologici. Ciò è particolarmente importante perché ci permette di evitare, laddove possibile, ai bambini – individui, dunque, molto più sensibili e fragili – gli effetti collaterali e dannosi della radioterapia e offrire loro un'ulteriore strumento di cura. Anche qui nel segno dell'amore di due genitori, Leonardo e Isabella, e della perdita della loro Maria Sole. In ricordo e nel nome della loro piccola, hanno creato un progetto di sostegno alla Fondazione Meyer per la ricerca in campo neuroncologico, riuscendo a coinvolgere con il loro amore tutta la comunità grossetana.

Continuai a viaggiare, accompagnato sempre dal mio infaticabile Trio International, per ampliare gli orizzonti del

Meyer. Andammo a Tunisi e, soprattutto, a Rotterdam. Lì, nel corso dell'assemblea dell'European Children's Hospital Organization presso l'Erasmus MC-Sophie Children's Hospital, fui nominato presidente di ECHO, la Rete degli Ospedali Pediatrici Europei. Un prestigioso incarico, di cui non potevo che essere grato. Prendevo il posto di Peter Steer, Direttore del Great Ormond Street Hospital for Children di Londra, e sarei rimasto alla guida del network per il successivo triennio.

Era la rete nata proprio al Meyer, nel maggio del 2017, e ne facevano già parte alcune delle realtà più importanti a livello internazionale nella cura e nell'assistenza pediatrica: Barcellona, Dublino, Helsinki, Londra, Parigi, Tel Aviv, Monaco, Copenaghen, Rotterdam e Varsavia.

La mission di ECHO era ambiziosa: aumentare la consapevolezza dei diritti dei bambini, delle loro esigenze cliniche, e farlo con azioni mirate, anche a livello di Unione Europea. Infatti, non a caso, il logo del network è un bambino che gioca con l'eco, aiutandosi con le mani per amplificare il suo messaggio.

Poi fu la volta di Washington DC. Nella capitale degli Stati Uniti ho potuto visitare l'ospedale pediatrico guidato da un altro grande Direttore, fonte di ispirazione per me come leader: Kurt Newman. Lui mi ha regalato una copia del suo libro con questa dedica: "*For Alberto, a champion for children and children's hospitals!*" È stato allora che ho pensato: "Scriverò anche io un libro sul mio periodo al Meyer". Sono trascorsi un po' di anni da allora, però posso dire che quell'obiettivo è stato raggiunto.

Mentre mi trovavo a Washington, ho voluto fare tappa anche ad Arlington Cemetery per restare un po' in silenzio davanti alla tomba di Bob Kennedy. In quel momento non lo sapevo, ma nel 2019 avremmo avuto al Meyer la visita di sua figlia, Kerry, presidente della Fondazione R.F. Kennedy.

Robert Kennedy è sempre stato un mito per me. Aveva compreso la necessità di riportare l'amministrazione pubblica vicino ai cittadini, attraverso il recupero di un senso di comunità e il rafforzamento della partecipazione alla vita sociale. Il suo motto era: "Dobbiamo avere memoria della nostra eredità rivoluzionaria". Affermava che il denaro non rappresenta di per sé una soluzione ai problemi della società, perché "ci sono cose più importanti dello spendere; si chiamano immaginazione, coraggio e determinazione".

Andammo anche a Pristina, nel quadro del progetto *Supporto al Sistema Sanitario del Kosovo*, in cui la città di Firenze s'impegnava a supportare concretamente la formazione professionale del personale sanitario impiegato nel reparto pediatrico di cardiologia del Centro Clinico Universitario del Kosovo. Una cooperazione nel settore sanitario, quella tra Italia e Kosovo, che aveva già dato ottimi risultati e che si inseriva in un solco tracciato negli anni precedenti di arricchimento dei nostri medici.

Tanto spazio al mondo, quindi, ma anche un profondo lavoro sul territorio.

Al Meyer nell'estate 2018, infatti, vennero prese due decisioni storiche. La prima fu l'istituzione di un Consiglio dei Ragazzi e delle Ragazze, un vero e proprio organismo da affiancare a quelli già presenti, con l'obiettivo di rendere direttamente partecipi nel governo dell'azienda gli adolescenti, fossero essi pazienti cronici o ex pazienti, o i loro fratelli e sorelle, per avere un punto di vista differente nella guida di un ospedale pediatrico.

La seconda svolta storica fu il progetto della Teen Academy, nato grazie allo sforzo congiunto della Fondazione Meyer e della Fondazione CR Firenze. Il senso di questa accademia era coinvolgere, oltre ai pazienti, anche il territorio e le scuole. Scavalcare, quindi, le mura dell'ospedale e aprirsi verso la comunità circostante con il lancio di We Teens, una web radio televisiva pensata e animata proprio dai più giovani.

L'ottica era un po' quella di costruire salute, concetto che avevo così piacevolmente assaporato a Cincinnati e che al Meyer provavamo a declinare in una fucina di idee innovative. Perché un ospedale non deve limitarsi a riparare cocci, deve anche costruire nuovi vasi.

Dobbiamo essere sempre capaci di mettere al centro il bambino o l'adolescente, e farlo sempre in una visione globale della cura che non si limiti alle sole prestazioni diagnostiche e terapeutiche. Ci siamo dati l'obiettivo di andare oltre, di scendere in profondità. Offrire ai più giovani un percorso formativo all'insegna del concetto globale di salute, nella dimensione chiave che è quella dello stare bene e della felicità. Ciò significa proporre esperienze culturali e artistiche per valorizzare le enormi potenzialità creative e i numerosi talenti degli adolescenti, ma anche fornire gli strumenti perché i giovani possano essere davvero protagonisti – coi loro linguaggi, i loro desideri e le loro aspettative – del domani.

Questo approccio, reso ancor più importante dai due anni di pandemia, lo ritroveremo poi nel Meyer Health Campus che sarebbe stato inaugurato nell'estate 2022.

A ripensare adesso al 2018, mi rendo conto di quanto sia stato ricco e denso, per il Meyer ma anche per la mia famiglia. È stato un anno in cui lavoro e vita privata si sono intrecciati a doppio filo, e io ho sempre cercato di vivere questa profonda integrazione e connessione come un valore aggiunto e una ragione di crescita, come un'unica dimensione creativa di espressione della mia vita.

Dopo un affidamento che andava avanti dal 2010, finalmente si celebrò l'adozione del mio quarto figlio, Federico, che quell'anno divenne a tutti gli effetti uno Zanobini. È sempre un argomento delicato, quello dell'affidamento o dell'adozione, ma che mi sento di ricordare perché la crescita di Federico è andata di pari passo con quella del Meyer che stavo costruendo.

Certe volte – anzi, molto spesso – la mia famiglia mi ricorda un cantiere, con gru, operai indaffarati, una confusione di calcinacci e tutto il resto. Ma è proprio questo, credo, a renderla un luogo così speciale. Perché un cantiere aperto è una forma in divenire, che cambia di giorno in giorno, e non un qualcosa di già scritto, di già completato e immutabile. E che non smette mai di progettare.

Quello fu un anno di grande felicità e di soddisfazione professionale, che tuttavia si chiuse in difficoltà con mio babbo, il mio adorato Folco, ricoverato in rianimazione all'Ospedale di Careggi. Aveva avuto un terribile infarto ed era stato ripreso per i capelli. Ricordo che quei giorni per me furono difficilissimi.

A riguardare la mia agenda di quel periodo davvero non mi capacito di come possa essere riuscito a gestire tutto quanto. Perché, proprio quando Folco era ricoverato, al Meyer avevo importanti appuntamenti, ad esempio la celebrazione di un compleanno speciale, quello dei quarant'anni del Servizio Sanitario Nazionale (la legge 833/1978) con la ex ministra della sanità Maria Pia Garavaglia, e, soprattutto, la visita del presidente della Repubblica, Sergio Mattarella. Era dai tempi di Pertini che un presidente della Repubblica non faceva visita al nostro ospedale, quindi fu un evento storico.

L'agenda del 4 dicembre 2018 scandisce un ritmo particolarmente serrato:

- Ore 13:00 Visita babbo a Careggi
- Ore 14:00 Arrivo di Mattarella al Meyer.

Andavo a trovarlo continuamente, sfruttando ogni momento libero, anche in quel giorno così importante. E trovavo Folco confuso e spaesato, mi sembrava un altro. Aveva delle piccole visioni, riferiva di vedere animali muoversi sulle pareti.

"Dovresti metterli anche da te al Meyer, Alberto!"

"Babbo, non ci sono animali, qui."

"Certo che sì! Guarda là? Eccone uno!"

Sebbene sapessi che era una cosa frequente in molti anziani ospedalizzati, la sua confusione sapeva comunque spaventarmi, e tanto. Però mi stimolò anche a fare una riflessione, che mi ha accompagnato negli anni a venire. Perché non provare a contaminare tutta la sanità col modello globale della pediatria, che vede la persona al centro dell'azione di cura e non la singola patologia? Il paradigma della sanità pediatrica, che con forza stiamo portando avanti da anni al Meyer, dovrebbe estendersi anche ad altri reparti, specialmente la geriatria.

Era un'idea che sentivo di dover far emergere e, più ci pensavo, più mi sembrava che le cose non potessero essere altrimenti. Dobbiamo costruire nuovi modelli aperti, meno istituzionalizzanti e più umani, mi dicevo, dobbiamo, prima di tutto, ripensare le RSA.

Quanti scandali ci sono stati da nord a sud? Quanti operatori abbiamo visto al telegiornale seviziare gli anziani, approfittarsi di loro in modi così crudeli da lasciarci attoniti davanti allo schermo? Io sono convinto che accada per tanti motivi. Senza nulla togliere alla colpevolezza di ciascun individuo, credo che atti così aberranti derivino in parte da una spersonalizzazione del paziente. Si picchia l'anziano anche perché non lo si riconosce come persona, ma solo come un numero su un foglio. Non si percepisce nemmeno più l'immoralità dell'azione. Questo, se ci riflettiamo, è il principio secondo cui nella storia dell'umanità sono stati compiuti i crimini più atroci. Siamo chiamati a soffermarci su cose del genere, a creare dei modelli di sanità dove la persona è e resta tale e non rischia di diventare un numero. È importante per il paziente, ovviamente, ma anche per l'operatore.

È dunque, con simili pensieri in testa, che il 4 dicembre accolsi il nostro presidente della Repubblica, insieme al Consiglio dei Ragazzi e delle Ragazze. Mia sorella Silvia mi riferì poi che, mentre era accanto al letto del babbo in rianimazione, intravide il corteo presidenziale passare fuori dalla finestra. Careggi, infatti, è a pochi passi dal Meyer.

Fu una bellissima visita, piena di gente, pazienti e visitatori che vollero dimostrare il loro calore a Sergio Mattarella e a sua figlia Laura.

Dopo le autorità convenute, parlai anche io. Feci un discorso istituzionale, eppure molto personale, dove raccontai per la prima volta davanti all'intero ospedale e ai colleghi la storia di Elena e il lutto della mia famiglia legato al Meyer. Ricordo che vissi il momento come qualcosa di catartico, una sorta di liberazione, perché il dare voce al proprio vissuto, alle proprie emozioni, ha in qualche modo il potere di liberarcene. Ebbi, inoltre, l'occasione di parlare a tu per tu con il presidente e di esprimere la mia idea di una sanità umanizzata per tutti, specialmente per bambini e anziani, e Mattarella si mostrò d'accordo con me. Oggi sappiamo che questo aspetto sarebbe emerso con forza due anni dopo, con l'arrivo della pandemia, quando il modello delle RSA sarebbe andato in frantumi.

Mio padre Folco, poi, nonostante la gravità del suo infarto e il fatto che fosse praticamente un miracolato, venne dimesso e tornò a casa, di nuovo lucido e straordinario com'era sempre stato. Ho un ricordo nitidissimo di lui che si rimette in piedi e si riappropria della sua vita, guidando e facendo tutte le cose che faceva prima. Provava a resistere, quasi volesse tenere duro ancora un altro po', fino al rientro della Silvia dalla Germania dopo tanto tempo.

Folco riuscì a reggere un altro anno, fino a novembre del 2019, dieci giorni dopo aver presentato il suo ultimo libro di poesie. Come una specie di canto del cigno, si spense a casa, mentre lo vegliavo.

La morte di mio padre mi ha segnato profondamente,

l'ho già detto. E, in fondo, credo che sia quasi sempre così, quando si perde un genitore. Ma Folco per me è stato qualcosa di più, ci legava un rapporto viscerale, meraviglioso. Con lui se n'è andato un pezzo enorme di me; però, a pensarci adesso, e sapendo quello che sarebbe accaduto di lì a poco al nostro Paese, al mondo intero, mi sento più che mai fortunato ad averlo accompagnato nel suo ultimo viaggio.

6. Visionari coi piedi per terra

> "Io voglio che la Olivetti non sia solo una fabbrica, ma un modello, uno stile di vita. Voglio che produca libertà e bellezza perché saranno loro, libertà e bellezza, a dirci come essere felici!"
>
> Adriano Olivetti

Mi chiudo la porta dell'ufficio alle spalle, c'è silenzio e pace qui dentro, nel mio piccolo pezzo di casa al Meyer disseminato di quadretti alle pareti. Uno in particolare attira la mia attenzione: cornice rossa, semplice. È un attestato, reca il simbolo della Harvard Kennedy School di Boston, Massachusetts.

Era il 2019 quando mi recai nuovamente negli Stati Uniti; un viaggio di studio per definire meglio il complesso del nostro Campus, sede della didattica e della formazione. Lì visitai l'incredibile centro di simulazione del Boston Children's Hospital, un luogo assolutamente avanguardistico a livello medico – si pensi che è dotato di manichini molto fedeli non solo per l'aspetto, ma anche per i tessuti e i liquidi! Sorge all'ennesimo piano di un grattacielo; ricordo che durante la visita mi accompagnò il nostro responsabile medico della simulazione e che, per raggiungerlo, ci impiegammo un bel po'. Perciò mi appuntai questa nota mentale: al Meyer avremmo dovuto fare della prossimità la nostra forza.

Infatti, iniziava a prendere forma il volto del Meyer Health Campus che, di ritorno a Firenze, un gruppo di progettisti mi avrebbe aiutato a disegnare.

Una parte rilevante dell'edificio – che, complessivamente, si compone di 4800 metri quadrati, immerso in un polmone verde di quasi quattro ettari – l'avevamo inaugurata l'anno precedente; all'appello, però, mancavano ancora oltre 3000 metri quadrati di spazi da ristrutturare. Ed erano proprio quegli ambienti che avevo deciso di destinare alla didattica, inserendovi, oltre ad alcune aule e due grandi auditorium, il fiore all'occhiello del Campus: il Centro per la Simulazione Pediatrica.

A Boston mi resi conto di quanto un progetto simile fosse strategico per il Meyer, capace di farci crescere sotto ogni punto di vista. Una preziosa palestra per formare i nostri professionisti, per allenarli alla gestione delle varie criticità, aiutandoli ad acquistare maggiore sicurezza e ad affinare il lavoro di squadra. Perché, quando il bambino è un sofisticato manichino interattivo che, con elevata fedeltà, riproduce le reazioni fisiologiche e vitali, il team di operatori impara ad affrontare situazioni cliniche di routine, ma anche emergenze e casi più rari che poi comunque ritroverà nella realtà. L'errore, in un contesto del genere, può e deve essere commesso, in quanto non sussiste alcun rischio e diventa un'insostituibile fonte di apprendimento.

Nei nuovi ambienti avremmo riprodotto realisticamente un ospedale, dotato di sala operatoria, di terapia intensiva, delle stanze della degenza e persino di un ambiente familiare per la formazione dei *caregivers* dove aiutare i genitori a prendere confidenza con la gestione casalinga di figli con patologie complesse. Il Centro sarebbe stato a tutti gli effetti un reparto dell'ospedale, con un primario dedicato, un caposala, due infermieri e un OSS.

Il progetto prevedeva, inoltre, una caffetteria che avremmo allestito più avanti nel tempo, ma, soprattutto, la possibilità di offrire pacchetti formativi coi quali ripagare i costi di gestione. In questa ottica si inseriva la creazione di un merchandising di gadget del Meyer Health Campus, sul modello americano.

Il Campus sarebbe stato raggiungibile dall'ospedale tramite un camminamento pedonale illuminato, immerso nel verde e caratterizzato dal "Portale della conoscenza". Così, chi si fosse trovato a passare di lì per recarsi a un corso o a svolgere qualche meeting, avrebbe avuto modo di allontanarsi, passo dopo passo, da fatica e stress, passando da un portale dal valore simbolico come richiamo ai luoghi dell'Umanesimo di Lorenzo de' Medici, nei quali il nuovo Meyer è immerso. Forse non tutti sanno che Lorenzo il Magnifico è nato e morto nella vicinissima Villa Medicea di Careggi.

Parliamo quindi di un investimento importante: per i lavori di ristrutturazione sarebbero stati necessari oltre 6 milioni di euro! Il complesso si confermava un vero e proprio salto di qualità, una risorsa incredibile che ci avrebbe permesso di allinearci coi più importanti Centri di Simulazione a livello mondiale. L'inaugurazione del nostro *learning center* si sarebbe tenuta il 2 settembre 2022, con una magnifica cerimonia alla presenza del ministro della Salute, Roberto Speranza.

Negli ultimi anni, il Meyer aveva investito molto sulla qualità delle cure e sulla sicurezza del paziente pediatrico attraverso la formazione dell'intero personale sanitario che assiste il bambino e la sua famiglia. Quindi la realizzazione del nostro Centro si poneva alla fine di un percorso importante di crescita di tutto l'ospedale e lo faceva nel migliore dei modi, potendo contare su prestigiose collaborazioni: l'Harvard Medical School e il Boston Children's Hospital.

Ma il viaggio a Boston non si esaurì nello studio per il Meyer Health Campus. Facendomi guidare dall'impulsività, come tante volte mi è capitato di fare, lasciai rientrare a casa il Trio International mentre io rimasi, iscrivendomi a un corso intensivo di una settimana dell'Harvard Kennedy School of Government: *Leadership for the XXI century*.

Fu un vero colpo di testa, di cui quasi arrivai a pentirmene. La sera prima dell'inizio, chiuso in hotel mentre fuori l'inverno rigido del Massachusetts faceva mulinare fiocchi di neve per le strade, venni investito da una violenta nostalgia della mia famiglia.

"Alberto, ma chi te lo ha fatto fare?" mi dissi, sconfortato.

Mi preoccupava l'idea che avrei dovuto passare tanto tempo con degli sconosciuti, parlando solo inglese. "E se non mi trovo bene? E se non mi piace? E se...?"

Fu un momento di fragilità, uno di quelli che capitano persino a me quando sono in procinto di fare qualcosa di nuovo. Ma il nuovo giorno spazzò via ansie e timori. Mi recai al corso e quasi immediatamente compresi che era proprio lì che dovevo essere.

Quel soggiorno immersivo a Boston ha contribuito a rivoluzionare la mia idea di leadership. Con me partecipava un gruppo variegato e incredibile: leader africani, funzionari del governo indiano, militari di alto grado degli USA, scienziati ambientali giapponesi, consulenti del governo ucraino per la ricostruzione dopo la guerra del 2014 (dettaglio, questo, a cui fa un certo effetto pensare adesso, sapendo cosa sarebbe accaduto nel 2022…).

Fu una specie di percorso spirituale illuminante sul concetto di leadership adattiva, insegnato attraverso il nostro coinvolgimento attivo, e grazie al quale s'instaurò un bel sodalizio, un'esperienza fortissima che mi ha aperto gli occhi.

Oggi, dopo la pandemia, sappiamo bene quanto siano fondamentali le *soft skills*, il fattore umano. Nel 2019 il mondo era ancora, per certi versi, ignaro, e io, tornato a Firenze, volli proporre un corso simile ai miei più stretti collaboratori. Il loro entusiasmo mi spinse in seguito a inaugurare all'interno del futuro Meyer Health Campus il Meyer Center for Health and Leadership in collaborazione con l'Adriano Olivetti Leadership Insitute di Ivrea, dove mi sarei recato poi due anni dopo. Fu anche grazie a quella esperienza, se nel 2021 avremmo anche lanciato il Master di I livello *La gentilezza nella relazione di cura in età pediatrica*. Prima volta in Italia!

Ognuno di questi germogli era un semino che avevo raccolto durante quella settimana all'Harvard Kennedy School e riposto in valigia, per portarlo a Firenze. In fondo, è così in tutti i viaggi in giro per il mondo che ho fatto: ogni bagaglio coi suoi semini racchiudeva in sé piccole grandi idee, che poi sarebbero fiorite al Meyer.

Infatti, mi è successa la stessa cosa anche durante il viaggio a Barcellona, nel 2019.

La struttura del Family Center Anna Meyer, i cui lavori sarebbero iniziati lo stesso anno, era stata progettata sul modello americano. Negli Stati Uniti, infatti, esistevano già allora vari centri del genere, mentre l'unico in Europa – per il momento, s'intende – era proprio quello del Pediatrico di Barcellona. Perciò mi recai al Hospital Sant Joan de Déu, per studiare il loro Family Center e definire meglio cosa volevo inserire nel nostro.

Non mi riferisco tanto agli elementi architettonici, quanto piuttosto al "contenuto". Infatti, in Catalogna compresi di quali servizi – e, soprattutto, di quali figure – avremmo avuto bisogno a Firenze nella nuova struttura: psicologi, mediatori culturali, assistenti sociali, uno sportello per le varie associazioni... Anche quest'idea dell'accoglienza era un semino portato dai miei viaggi oltreoceano, è vero, ma è stata Barcellona a ispirarmi l'essenza vera del Family Center. Perché una struttura simile al Meyer era una vera e propria rivoluzione. Per anni lo spazio riservato all'attesa di un ricovero era nella Hall Serra, con il rischio concreto che il momento dell'ingresso diventasse troppo dispersivo. La scelta di organizzare l'accoglienza, di dedicarle uno spazio esclusivo, ci avrebbe posto in linea coi più importanti ospedali pediatrici internazionali.

Il nostro Family Center Anna Meyer sarebbe sorto nel grande parco dell'ospedale, vicino al Giardino di Cice; una nuova struttura, pensata e arredata a misura di bambino, completamente ecosostenibile, integrata nel paesaggio, e, più di ogni altra cosa, destinata solamente all'accoglienza dei bambini e delle loro famiglie in attesa di ricovero. Lo scopo era rendere meno traumatico possibile l'accesso in ospedale, pertanto il Centro sarebbe stato realizzato in modo da offrire il massimo comfort.

Avevo proposto di strutturarlo come una vera e propria pagoda orientale: pianta quadrata, corte centrale, ampie vetrature per illuminare gli interni in modo naturale e armonico. Un contesto spaziale e relazionale interamente studiato per favorire l'ascolto e il mutuo rispetto, arredato come se fosse un salotto. Nell'edificio avremmo poi riunito tutta una serie di figure professionali per offrire alle famiglie le informazioni e il supporto necessari, come avevo avuto modo di toccare con mano a Barcellona.

Ecco che il momento dell'accoglienza si apprestava a cambiare completamente volto, vestendosi di cortesia e di vicinanza, diventando anche un'occasione per far conoscere alcune regole e comportamenti utili nel periodo di ricovero. Punto di riferimento imprescindibile, anche al momento di lasciare l'ospedale per fare poi ritorno a casa.

Posto il primo mattone, cominciarono i lavori. Sarebbero stati lunghi e non privi di difficoltà – si pensi che stiamo parlando di una superficie complessiva di 500 metri quadrati e di un investimento considerevole, di quasi 2 milioni di euro. Senza contare la pandemia che sarebbe scoppiata di lì a poco…

Lavorando nel parco dell'ospedale, abbiamo dovuto fare i conti anche con il vincolo paesaggistico. Proprio al centro della struttura si trovava un albero secolare che non poteva essere abbattuto, del resto sarebbe stato un peccato. Abbiamo quindi deciso di inglobarlo nell'edificio, di renderlo protagonista; di fare di un problema un'opportunità.

Oggi il Family Center è operativo e funzionante e io ne sono molto orgoglioso. Lo abbiamo voluto intitolare ad Anna Meyer, e credo, nel mio piccolo, di poter affermare che anche lei e Giovanni ne siano contenti.

Il 2019 portò numerose altre novità. Per la prima volta nella storia, Firenze e il Meyer avrebbero ospitato il CHIEF, il già citato Children's Hospitals International Executive Forum.

Trenta CEO provenienti dai più importanti ospedali pediatrici a livello mondiale – venti dei quali nordamericani – vennero da noi. Dagli Stati Uniti al Canada, dall'Australia alla Cina, dalla Finlandia a Israele, dalla Germania alla Spagna: tutti riuniti in Toscana, per un confronto a trecentosessanta gradi sui temi emergenti e le nuove sfide della pediatria.

Il programma prevedeva, ovviamente, anche una visita alla nostra struttura – visita che piacque molto. Fu un ulteriore riconoscimento al lavoro degli ultimi anni, perché, come mi disse qualcuno, era forse "l'ospedale più bello che avesse mai visto".

Anche io ne ho visitati parecchi e, senza dovermi sbilanciare troppo, posso affermare che il Meyer effettivamente è tra i più belli, sicuramente il più *green* al mondo, con un parco che alla fine del nostro piano di sviluppo sarà di ben dieci ettari. Ma ciò di cui sono sicuro è che la bellezza, qui da noi, non vuole essere fine a se stessa. Essa è un elemento sostanziale della cura, non un fatto puramente estetico. E, specie nelle strutture pubbliche, la bellezza ha un valore etico fondamentale, perché significa prendersi cura del bene comune, di qualcosa che appartiene a tutti i cittadini. Capita che chi viene al Meyer, trovandosi a passeggiare in giardini curati, bei corridoi, spazi arredati con cura, a volte ci chieda se per caso non siamo una clinica privata! In Italia non si dà mai credito al pensiero che "pubblico è bello". Ed è questa, a parer mio, la vera sfida del Meyer.

Ho un bellissimo ricordo di quel giorno. Dopo tanto studio, tanto lavoro, dopo aver messo in piedi progetti e inaugurato cantieri, il Meyer acquisiva davvero piena centralità a livello mondiale. Non solo sulla carta, ma concretamente. Tutti quanti ci facemmo una foto ricordo nel parco. Inutile specificare che quella foto è qui, appesa nel mio ufficio. Ora guardo i nostri volti sorridenti. Nessuno di noi allora sapeva che all'orizzonte si profilava una tempesta e che, per partecipare a un altro forum mondiale, avremmo dovuto attendere due anni difficili. Eravamo ancora ignari; difatti, proseguii coi miei viaggi e i progetti di cooperazione internazionale.

Volai a Helsinki, dove da poco era stato inaugurato un ospedale pediatrico, l'HUS Helsinki University Hospital, già avanzatissimo nelle procedure di qualità e sicurezza. Fu uno di quei viaggi di studio, pensati per imparare qualcosa che avrei poi portato con me a Firenze; nello specifico i loro protocolli. Ci sarebbero serviti per l'accreditamento internazionale della JCI (Joint Commission International), che si sarebbe rivelato poi un passo necessario per ottenere lo status di istituto di ricerca. Altri semini chiusi in valigia, dunque, che avrebbero visto i loro frutti l'anno successivo.

Il 2019 si caratterizzò, inoltre, per l'importante missione ad Aleppo.

Un team di operatori del Meyer – composto da una psicologa e due fisioterapisti – partì per la Siria con l'obiettivo di sostenere e aiutare gli operatori già presenti sul territorio. Bambini traumatizzati con gravi lesioni per lo scoppio di mine, vittime nel crollo di edifici, orfani che soffrivano la fame, il freddo: i nostri specialisti si occuparono di offrire assistenza, portando sul posto anche i presidi necessari. In un Paese così martoriato da un conflitto che durava da ormai sette anni, il supporto psicologico era prezioso, per non dire fondamentale.

Era il dicembre 2016, quando l'Unicef lanciò un appello al mondo per salvare gli oltre 4000 bambini intrappolati ad Aleppo est, molti dei quali soli e non vaccinati. Il Meyer non poteva restare sordo a quel grido di aiuto, dovevamo fare qualcosa. Grazie al sostegno della Fondazione Il Cuore si Scioglie Onlus, insieme anche alla Fondazione Giovanni Paolo II e all'Arci Toscana, potemmo mettere in piedi un importante intervento umanitario in Siria, che garantisse a quei bambini cibo, cure mediche e ogni tipo di assistenza.

In fondo era il naturale prosieguo del progetto *Bambini nel mondo*. Con la creazione di una task force umanitaria, però, il raggio d'azione si ampliava: la vocazione a tutela del neonato, del bambino e dell'adolescente travalicava i confini dell'ospedale per diventare sempre più globale. Il Meyer ha il mandato di curare i bambini toscani, certo, ma nei suoi valori costitutivi intende rivolgersi a ogni bambino che nel mondo abbia bisogno di cure.

Andavamo, quindi, in prima linea, ci immergevamo nell'incredibile realtà siriana, arricchendoci di nuove esperienze.

E, proprio nell'ottica di un arricchimento, qualche mese più tardi l'ospedale apriva le celebrazioni per i trent'anni della Carta ONU sui Diritti del fanciullo accogliendo Kerry Kennedy, avvocato e attivista per i diritti umani, figlia del senatore Robert F. Kennedy e nipote dell'ex presidente degli Stati Uniti d'America, John Fitzgerald. Dopo la visita della dottoressa Aleida Guevara, continuavano le visite significative al Meyer!

Fu una conferenza di quelle storiche, l'aula magna era gremita, e l'evento ebbe una grande eco che riverberò in molte testate nazionali. La Kennedy, che era anche presidente del Robert F. Kennedy Human Rights, organizzazione no-profit fondata nel '68, tenne un interessantissimo intervento incentrato sui diritti dell'infanzia.

L'umanizzazione dell'ospedale si può portare avanti in tanti modi. Ritengo che invitare a parlare personalità diverse, provenienti da esperienze e formazioni anche molto distanti da noi, sia uno di questi.

Anche siglare un accordo con Eike Schmidt, Direttore della Galleria degli Uffizi, lo è stato. L'intesa prevedeva di affiancare il percorso terapeutico con percorsi museali che fossero cuciti su misura per i piccoli pazienti – in modo particolare, nel caso delle lungodegenze. Tutti quei bambini, che dovevano regolarmente recarsi in ospedale per cure e trattamenti, avevano quindi la possibilità di abbinare, alle sedute terapeutiche in ospedale, escursioni nelle bellezze artistiche di Firenze, Uffizi e non solo.

L'idea nacque a partire dalla storia della piccola Martina, una bambina in cura al Meyer fin dalla nascita. Per la sua malattia, Martina necessitava di sottoporsi a periodiche iniezioni che la impaurivano molto. L'intuizione venne da Susy, mitica maestra ospedaliera, insieme al team della Scuola in Ospedale del Meyer e dell'area accessibilità degli Uffizi: perché non abbinare a ognuna delle spiacevolissime "gite" in ospedale, un appuntamento più piacevole alla scoperta delle bellezze della città? In pochi mesi, Martina diventò la "Principessa Pitti", trovando nel palazzo del Granduca un posto incantato capace di farle dimenticare il fastidio della terapia.

Fu davvero un'idea innovativa, che rispecchiava pienamente la filosofia della cura globale che il Meyer ha fatto sua. Perché la salute non ha bisogno solo di cure cliniche, ma di bellezza, della speranza che l'arte è capace di suscitare.

Anche nella visione olivettiana dell'azienda le arti, la lettura, il design, la pubblicità, l'architettura avevano centralità. Sono fili che intessono tra loro una trama di filosofia comunitaria, tesa alla promozione delle possibilità di elevazione culturale e quindi umana degli operai. Adriano Olivetti è stato un altro mito per me e ho cercato, nel mio piccolo, di declinare il suo potente messaggio qui, al Meyer, portando avanti un grande processo di umanizzazione dell'ospedale e introducendo successivamente nel Campus la "settimana olivettiana", densa di appuntamenti culturali sul concetto di cura. L'esperienza della Olivetti, che pure era una semplice fabbrica di macchine da scrivere, è stata attraversata da personaggi come Tiziano Terzani, Geno Pampaloni, Ettore Sottsass, Bruno Munari, Franco Fortini, Paolo Volponi, Furio Colombo, Jean-Michel Folon. Proprio quest'ultimo è l'autore della statua di fronte all'ingresso del Meyer: l'omino con in mano un uccellino.

L'anno precedente si era chiuso in difficoltà, con Folco in rianimazione e il lungo recupero dopo il grave infarto. Nel 2019 mio padre non ce la fece, e si spense il 17 novembre.

Eravamo stati molto vicini, durante quei mesi, quasi sapessimo entrambi che il tempo a nostra disposizione era ormai agli sgoccioli, benché Folco si fosse ripreso e fosse riuscito a presentare il suo ultimo libro di poesie.

L'ultima notte ricordo che era domenica. Dissi a mia madre che sarei rimasto io a vegliarlo, ne avvertivo il bisogno anche se in quel momento ne ignoravo il motivo.

"Va' pure a letto, sto io con il babbo."

Così lei andò a riposarsi un po' e io mi sedetti accanto al letto. Folco ormai aveva perso conoscenza. Aprii il libro di poesie e cominciai a leggergliene una e poi un'altra. D'un tratto mi resi conto che il suo respiro rallentava, si spegneva a poco a poco.

Il babbo se ne andò, guidato dalla mia voce, dai suoi stessi versi:

"Sarà forse una sera
come questa sera
di quasi primavera
un po' languida un po' incerta
da mezza stagione
con qualche rondine
ancora spaesata che vola
a nascondersi.
La casa in ordine come in attesa
senza confusione di oggetti attorno
mentre il giorno
si spegne piano piano
nelle ombre del giardino
però senza oscurarsi
e si addolciscono i suoni
là dietro nella strada.
Una sera così rispettosa
così solenne ma con discrezione
io la vorrei.
Lascerei ogni cosa ringraziando
molto per l'attenzione."

Folco tolse il disturbo, prima di conoscere la tragedia che incombeva sul mondo intero. Fu una morte dolce, a casa, con me. Purtroppo sappiamo bene che molte persone non hanno avuto un privilegio simile, e pensare ai lutti che di lì a poco avrebbero marchiato il nostro Paese mi riempie di angoscia.

C'è anche un altro pensiero che mi assilla. Quello stesso mese, una manciata di giorni prima, il Meyer aveva avuto una visita d'eccezione: il ministro della Salute cinese, Ma Xiaowei, che si trovava già in Toscana. Sapendo adesso ciò che tutti noi sappiamo, quella visita ha un sapore amaro in bocca, è una nota stonata. Il ministro non poteva certo ignorare che in Cina serpeggiava da un po' un virus che seminava polmoniti sospette e atipiche, eppure Ma Xiaowei venne al Meyer, visitò la città, disse addirittura che ne era estremamente soddisfatto...

Il 2019 si chiuse così, in modo triste, con all'orizzonte tristi presagi che non avremmo tardato a conoscere.

7. Combattere per oggi e per domani

> "Si possono immaginare le cose più spiacevoli e immaginarle con la sicurezza che sono vere. Ma la conferma di queste supposizioni o meglio di queste certezze giungerà sempre inattesa e dolorosa, come se non si avesse immaginato nulla."
>
> Alberto Moravia

Oggi lo sappiamo molto bene, il 2020 è stato l'anno della pandemia. L'anno del paziente zero di Codogno, dell'emergenza sanitaria, del lockdown, del "ce la faremo" gridato dai balconi, e poi della paura, del sospetto, degli aperitivi su Zoom.

Nessuno, però, poteva sapere niente di tutto ciò quando, il 28 gennaio, al Teatro della Compagnia, in centro a Firenze, si tenne la presentazione in anteprima di *Vaccini. 9 lezioni di scienza*, un documentario prodotto dalla Fondazione Meyer e da Elisabetta Sgarbi sull'importanza della vaccinazione.

Il tema dei vaccini ai bambini era molto caldo già allora. Uno zoccolo duro No Vax era presente da tempo, ben prima che cominciasse l'infezione. Un'onda che, ahimè, ha preso parecchio piede.

Il documentario, assai ricco, raccoglieva le testimonianze di Mantovani, Burioni, Donzelli, Cacciari, Azzari. Molti dei loro nomi sono stati a lungo sulle prime pagine dei giornali, ce lo ricordiamo. Allora, tuttavia, erano sconosciuti ai più, come sconosciuto era anche un virus chiamato Covid-19. Circolava da qualche mese, silenzioso come uno spettro, e non avrebbe tardato molto a palesarsi in tutta la sua gravità.

Venne febbraio, e i telegiornali cominciarono a riportare i primi casi nel nostro Paese. Si iniziò davvero a parlare di nuova epidemia di Sars, provocando sconcerto e timore. A prevalere, tuttavia, era ancora una volta l'inconsapevolezza.

Difatti, sabato 22 febbraio, il Meyer ospitò un open day all'aperto. Una grande festa per famiglie e bambini nel parco dell'ospedale con settemila persone. Di lì a poco non avremmo esitato a chiamarlo maxi-assembramento. Col senno di poi quella bellissima giornata si sarebbe potuta trasformare in una tragedia. Così non fu, per fortuna, perché il virus circolava, sì, ma era ancora piuttosto circoscritto al nord Italia.

In ogni caso, non molte ore dopo l'evento, l'allora presidente della Regione Toscana, Enrico Rossi, convocò una task force permanente. Anche io, in qualità di Direttore del Meyer, ne facevo parte. Da quel momento sarebbe cambiato tutto.

Ulteriori interventi urgenti di protezione civile in relazione all'emergenza relativa al rischio sanitario…

Quella del 22 febbraio 2020 fu l'ultima festa per molto tempo. A ripensarci oggi, sembra quasi un'altra epoca: così tanti individui concentrati nello stesso posto che non si preoccupano di cose come il distanziamento sociale, le mascherine o di un possibile focolaio. Appena qualche giorno dopo, il Meyer sarebbe diventato un fortino blindato, col checkpoint all'ingresso e regole d'accesso molto restrittive.

Lunedì 24, appena giunto in ufficio, ricordo che annullai tutti gli appuntamenti e pensai subito a costituire una task force Covid per il Meyer. Ci riuniamo ancora oggi, tutti i giorni, alle 12:00, per fare il punto della situazione sull'occupazione dei letti.

Da lì in poi è stato un progressivo svuotarsi della mia agenda: eventi, riunioni, impegni, sui quali si faceva un grosso rigo nero, e tanti saluti. Le pagine di marzo e aprile sono di un bianco accecante, vuoto totale. Nessun incontro, riunione o telefonata. Niente che non fosse l'emergenza sanitaria. Dovevamo adattare le decisioni organizzative ora per ora, mantenendo saldi i nervi alla guida dell'ospedale. Pertanto, pancia a terra e testa bassa, pensammo a costruire dei sistemi di protezione che, di fatto, sono tutt'ora operativi. Checkpoint, verifiche in entrata. Questioni di cui non ci eravamo mai preoccupati e che di colpo diventavano della massima importanza.

Ci trovavamo a fronteggiare qualcosa di sconosciuto e temibile. Nei reparti si respirava un'aria grave, drammatica.

Il primo mese fu molto duro. C'era una grande angoscia per le mascherine, perché all'inizio le indicazioni su come usarle erano piuttosto discordanti e, soprattutto, ne avevamo davvero poche. Toccò a me prendere una decisione e scelsi di imporle solo nelle aree più "a rischio", in terapia intensiva, ad esempio, o dove i pazienti tossivano. Si rimproveravano gli operatori che le usavano "a casaccio". Ciò, come ci si può immaginare, generò alcune tensioni nel personale, ma la priorità assoluta in quei giorni era non sprecarle. Ricordo che detti mandato di comprarle su eBay.

Ripensare adesso alla mia – alla nostra – ingenuità iniziale sembra qualcosa di assurdo. Il fatto è che eravamo ignoranti nel vero senso della parola, e la scarsità del materiale faceva il resto. Non esistevano ancora fabbriche italiane produttrici di mascherine, la richiesta cinese aveva assorbito la quasi totalità della produzione mondiale.

Ma la situazione drammatica non si esauriva, purtroppo, qui. Anche l'igienizzante era una bella gatta da pelare per l'Italia in quei giorni. Per fortuna il Meyer, mesi addietro, aveva investito molto in una campagna di sensibilizzazione sull'importanza dell'igiene delle mani in ospedale, rivolta a tutti gli operatori e non solo. "Usa l'igienizzante, non fare il birbante." Col linguaggio semplice e scherzoso, tipicamente infantile, durante la giornata mondiale dedicata all'igiene delle mani – era il 5 maggio 2019 –, lanciammo il messaggio che quella pratica era non solo importante, bensì indispensabile per proteggere i piccoli pazienti – e tutti noi – dalle infezioni. Perché il lavaggio delle mani, se fatto nel modo giusto, resta uno degli interventi sanitari più efficaci e meno costosi per prevenire malattie infettive, anche nei Paesi più sviluppati. Una misura cardine di prevenzione delle infezioni. Ci fa venire in mente qualcosa?

Avevamo, dunque, già a suo tempo collocato all'interno dell'ospedale, nei reparti e nelle zone comuni, centinaia di dispenser di gel alcolico. Per di più, i magazzini erano pieni di scorte. Questa fu la nostra salvezza, una preziosissima risorsa.

Ricordo un grande, enorme senso di angoscia. Ho vissuto la pandemia su due fronti, sia come cittadino che come direttore ospedaliero. Il virus mi faceva paura, ovvio, ma a preoccuparmi ancora di più era la scarsità di materiale. Mascherine, sì, ma anche camici monouso, visiere, guanti e respiratori. L'ospedale provava in tutte le maniere ad anticipare le mosse di questo avversario invisibile come in una partita a scacchi; fallendo a volte, però continuando sempre a tentare.

È un aspetto saliente sul piano manageriale, sforzarsi di essere lungimiranti. E lo è stato, a maggior ragione, durante la lunga e difficile partita contro il Covid. Come, ad esempio, ordinare già sul finire del 2020 i frigoriferi per la conservazione a bassa temperatura per i vaccini: nei mesi successivi sarebbero andati a ruba, ma il Meyer riuscì a trovarne due prima che ci fosse la corsa all'acquisto.

Eravamo assolutamente impreparati all'inizio, al pari di chi affronta una cordata a piedi nudi. C'è un detto di Baden Powell, fondatore dello scoutismo, che dice: "Non esiste buono o cattivo tempo, ma buona o cattiva attrezzatura". Ecco, noi non avevamo una cattiva attrezzatura, ne eravamo proprio sprovvisti.

Tuttavia riuscimmo ad adeguarci, compiendo non pochi sforzi. L'uomo ha una straordinaria capacità adattiva, che gli permette di flettersi e piegarsi senza spezzarsi. Di essere resiliente. Oggi questo termine è entrato di diritto nel vocabolario di tutti noi, ma prima del Covid non lo conosceva quasi nessuno.

È stato necessario rassicurare tutto il personale, dall'operatore socio sanitario al primario. Ed è stato anche necessario che la direzione restasse in prima fila, sempre.

Così in ospedale passò il primo mese, e poi il secondo. Piano piano cominciammo a rialzare la testa, tornai a scrivere nuovi impegni e appuntamenti sulla mia agenda. E a riprendere a occuparmi di futuro: infatti comprai un campo di ulivi – il cosiddetto "campo del cavallo" – dal vicino ospedale di Careggi con l'idea di realizzarci un domani un parcheggio al servizio del futuro Parco della Salute. Dal mese di maggio per i sistemi sanitari si cominciò, quindi, a parlare di Fase 2 (!). I cittadini avevano un gran bisogno di leggerezza, di credere che il pericolo fosse ormai alle spalle. Al Meyer, però, si decise di non abbassare la guardia e già in estate cominciammo a guardare con preoccupazione all'autunno.

A questo proposito, vennero fatti numerosi lavori: dal rinnovo completo della Rianimazione all'allargamento del Pronto Soccorso; si mise in piedi il progetto oncologico *Il Meyer a casa tua*, attrezzando una Fiat Panda per effettuare il day hospital di alcuni pazienti direttamente a casa loro, evitando così lo spostamento in ospedale; venne aperto un *drive through* nella vecchia sede del Meyer; creammo "Uffa", un self tampone per i dipendenti e i loro famigliari – quando ancora i tamponi rapidi non esistevano –, sistema che ebbe una notevole risonanza mediatica. È in uso ancora oggi e che ci ha permesso di tenere sotto controllo il livello dei contagi tra gli operatori.

Il lungo elenco potrà suonare semplicistico, ma vi assicuro che non è stato affatto tutto rose e fiori. I tamponi erano un vero e proprio problema, la lentezza con cui venivano processati all'inizio creava forti disagi. La Regione Toscana in principio riteneva che dovessero essere elaborati solo nelle tre aziende ospedaliere (Pisa, Siena e Careggi). Il che, personalmente, mi sembrava un'assurdità, visto che il Meyer disponeva di un laboratorio specializzato in quel tipo di analisi. Mi battei affinché anche a noi fosse concesso il permesso di processare i tamponi con il nostro Laboratorio di Immunologia, così da fare tutto "in casa" ed essere autonomi. Ci riuscii. Fu una manna dal cielo perché, oltre che mettere in sicurezza il Meyer, potemmo successivamente essere di supporto al territorio.

Il 17 luglio fu una data simbolica, perché ricevemmo il ministro Speranza. Gli mostrammo la grande operazione di riorientamento dell'ospedale che era stata portata avanti su vari fronti; quello del distanziamento nelle sale di attesa, la nostra organizzazione sui tamponi, la riorganizzazione del Pronto Soccorso, la Rianimazione totalmente rinnovata. Le stagioni più fredde si profilavano all'orizzonte, ahimè, come nuvole gonfie di temporali e insidie.

Inoltre, il 31 agosto, terminava formalmente il mio mandato.

La nomina del Direttore del Meyer è il frutto dell'intesa tra la Regione Toscana e il Rettore dell'Università degli Studi di Firenze, cinquanta e cinquanta. Si pensi che anche la legislatura e la presidenza regionale, negli stessi giorni, erano in scadenza, quindi si potrà facilmente immaginare il clima di forte tensione.

Non avevo la certezza che sarei stato riconfermato, ma sapevo che dovevo restare. C'erano ancora tante e tante cose che avrei voluto fare per il Meyer. Soprattutto, volevo vedere completato il piano di sviluppo dell'ospedale che ormai era ben avviato. Perciò, appena saputo della riconferma, fresco fresco di nomina, non esitai un istante: misi il turbo e in soli quattro mesi lavorai sodo per mettere in fila una serie di questioni importanti; un altro salto nel futuro.

Erano tempi turbolenti, di fatto ci stavamo preparando ad affrontare la seconda ondata che in Toscana sarebbe stata davvero molto dura. Da noi avremmo ricoverato in area Covid oltre duecento pazienti, una ventina in terapia intensiva, senza contare gli oltre venticinque bambini che per effetto dell'infezione avrebbero sviluppato la sindrome infiammatoria multisistemica. Eppure sentivo che non dovevamo – non potevamo – fermarci.

Subito dopo la nomina, con rinnovata energia, nonostante il tempo storico, mi concentrai con tutto me stesso in due grandi azioni: il riconoscimento presso il Ministero della Salute del Meyer come Istituto nazionale di Ricovero e Cura a Carattere Scientifico (IRCCS) e la modifica del nostro Statuto, per orientarlo ancor più all'innovazione.

Il 9 settembre mi recai, quindi, a Roma, al Ministero della Salute per un viaggio esplorativo, mentre il mese successivo, subito dopo le elezioni regionali, andai dal neopresidente, Eugenio Giani, insieme al Rettore Luigi Dei.

"È necessario che la Regione avvii la procedura di riconoscimento", gli dissi.

Mi ero preparato una solida argomentazione a favore della mia tesi, e gli spiegai le grandi opportunità di cui la Toscana avrebbe beneficiato, potendo contare su un istituto di ricerca accreditato dal Ministero, come ad esempio l'accesso a numerosi fondi nazionali ed europei per la ricerca medica che altrimenti sarebbero stati preclusi. È utile sapere che fino a quel momento la Regione non era stata aperta alla possibilità di avere degli IRCCS, perché in questo genere di istituto c'è un Direttore Generale nominato dall'ente, sì, ma anche un Direttore Scientifico incaricato dal Ministero. Si riteneva insomma che la nomina ministeriale rappresentasse "un'ingerenza" del governo centrale. Idea, questa, che verrà in ogni caso messa in discussione dalla pandemia, grazie alla quale diventerà evidente quanto nella ricerca sia importante fare sistema oltre i confini regionali.

Le cose stavano già cambiando, quando ne parlai con il Presidente Giani. Io ci provai, presi la rincorsa e saltai nel vuoto. Ma sapevo che andava fatto per il bene del Meyer.

E riuscii a convincerlo. Il 21 dicembre 2020, la proposta arrivò sul tavolo della giunta regionale per volontà dell'assessore Bezzini. Nel frattempo, eravamo riusciti a sciogliere un altro nodo importante: il cambio dello statuto. Il tutto in piena seconda ondata.

Come se non bastasse, quelli erano gli stessi intensissimi giorni in cui l'ospedale era sotto esame per ricevere il prestigioso accreditamento della Joint Commision International; la tappa che si poneva alla fine di un percorso complesso lungo quasi tre anni, soprattutto dopo il già citato viaggio a Helsinki.

La JCI è un'organizzazione non governativa che esiste da oltre 75 anni, è l'ente di accreditamento in materia di sanità più grande e con maggiore esperienza a livello mondiale. Lavora sulla base di una metodologia oggettiva, molto rigorosa, con la quale viene valutata la sicurezza e la qualità dei servizi sanitari, basandosi su centinaia di standard ben precisi e qualcosa come mille elementi misurabili. In Italia erano soltanto cinque le realtà ospedaliere pubbliche che potevano vantare un accreditamento JCI come Academic Medical Center. Tra esse non potevamo non esserci anche noi.

Perciò avviai il processo, che consisteva nel sottoporsi al giudizio del loro team internazionale di esperti affinché venisse valutato il grado di *compliance* agli standard condivisi dalla comunità scientifica – si tratta di 19 capitoli – e periodicamente revisionati per tutelare la sicurezza del paziente. In caso positivo, l'accreditamento avrebbe avuto durata triennale, al termine della quale avremmo avuto una nuova visita.

In pratica, fu una vera e propria settimana di fuoco subito prima di Natale 2020, giorni in cui il Meyer venne scandagliato sotto ogni aspetto: dalla corretta identificazione del paziente, al modo di stilare una cartella clinica, alla gestione dei farmaci a basso e alto rischio, passando per l'igiene delle mani e tutte quelle procedure di prevenzione e controllo delle infezioni fino alla gestione e sicurezza delle infrastrutture. E, ancora: la formazione del personale, i diritti del paziente, della famiglia; i percorsi di diagnosi, cura e *follow-up*. C'era poi tutta la questione relativa alla componente gestionale dell'ospedale, quindi sarebbero state esaminate le modalità in cui vengono prese le decisioni da parte del Direttore Generale, della *leadership* clinica; senza contare la valutazione di tutti i processi legati alla formazione universitaria e ai programmi di ricerca, in quanto il nostro ospedale è un'Azienda Ospedaliero-Universitaria... Come ho detto, una settimana di fuoco, che richiese il pieno coinvolgimento di tutto il personale nello studio e nell'assimilazione delle procedure.

"Alberto, non puoi chiederci di fare questo sforzo proprio adesso!"

L'ospedale stava infatti fronteggiando la seconda ondata e non si riteneva opportuno sottoporre il personale a un esame così stressante per tutte le aree dell'organizzazione.

A poche settimane dall'arrivo del JCI team, molti dei miei più stretti collaboratori erano contrari. Però la decisione di andare avanti spettava soltanto a me, era mia l'ultima firma. E io volevo tentare, non mi volevo rassegnare ad annullare ogni altra cosa a favore della pandemia.

"Vi dico che ci servirà. Le procedure aiutano a lavorare meglio, soprattutto di questi tempi! E poi se non lo facciamo ora, non lo facciamo più."

Mi trovai solo, a un certo punto, ma decisi di firmare comunque. Forse è stato allora che ho compreso quanto *leadership* significhi soprattutto solitudine.

Fu un momento molto faticoso per l'ospedale, un *tour de force* che, date le circostanze, ci ha provato sotto ogni punto di vista. Però, contro l'aspettativa di molti, i nostri nervi ressero e ottenemmo il riconoscimento: il Meyer era il primo ospedale toscano ad avere l'accreditamento JCI! Ciò ha generato una grande ondata di soddisfazione nel personale, ha risvegliato un bellissimo orgoglio di appartenenza. La benzina che ci sarebbe servita, poi, per affrontare un'altra ondata: la terza.

Da quell'esperienza ho capito tante cose. La più importante, probabilmente, è che il senso della *leadership* sta proprio in questo: mostrare una direzione e seguirla in testa alla fila, fino in fondo, anche a costo di farlo da solo.

"Hai creduto più te in noi che noi in noi stessi", mi ha confidato poi un medico, rendendomi davvero fiero come poche altre volte mi è capitato in vita mia.

Il 30 dicembre mi fu affidata dai colleghi dei quindici maggiori ospedali pediatrici la presidenza dell'Associazione degli Ospedali Pediatrici Italiani (AOPI) per il triennio 2021-2023 e l'indomani, il giorno del veglione di San Silvestro, tutti provammo a fare un bilancio di quel 2020 che aveva cambiato così tante cose, dentro e fuori di noi.

È stato un anno durissimo, a tratti davvero spaventoso e nefasto. Tuttavia credo che, pure durante un periodo brutto come quello, si sia rafforzata l'idea che non si debba mai, mai, smettere di lavorare per il futuro. “È un atto doveroso”, mi dico mentre, seduto alla mia scrivania, fisso l’accreditamento JCI appeso alla parete dell’ufficio. È forse il modo in cui, nelle difficoltà, tentiamo di salvaguardarci psicologicamente. Perché futuro, prima di tutto, significa speranza. Futuro è costruire. E il futuro, come scriveva Nietzche, “influenza il presente tanto quanto il passato”.

8. Non arrendersi e rialzarsi

"Il successo non è mai definitivo, il fallimento non è mai fatale; è il coraggio di continuare che conta."
Winston Churchill

Capodanno fu una giornata frenetica. Di festa, certo, ma soprattutto di lavoro. Se il 2020 era stato, per ovvie ragioni, l'anno della pandemia, il 2021 avrebbe dovuto essere necessariamente quello del vaccino anti-Covid, sviluppato con tempi e metodi da record. Un'impresa davvero titanica dell'uomo.

Gennaio è il mese più strano del calendario, guarda un po' indietro e un po' avanti, ma, dopotutto, è ben noto che i Romani lo avessero chiamato come il loro dio bifronte, Giano, per quel preciso motivo. Noi, però, volevamo guardare in un'unica direzione, scordare i brutti momenti, la prima ondata, la seconda, allontanarci velocemente da tanti mesi difficili. Così, mentre cominciava il mio settimo anno alla guida del Meyer, ci preparavamo già a inaugurare la campagna vaccinale nazionale nel nostro Vaccination Center – allestito, anch'esso, a tempo di record durante le feste natalizie.

Le prime iniezioni furono molto emozionanti, immortalate dai flash dei fotografi. Si facevano grossi respiri di sollievo, enormi sorrisi. La speranza era così palpabile da avere quasi l'impressione di poterla sfiorare. Da quel giorno cominciammo a vaccinare i dipendenti e, mese dopo mese, ci avvicinammo al numero totale. Solo undici si sarebbero rifiutati, su oltre 1500. Questo ci è sembrato comunque un grande successo della campagna interna di invito alla vaccinazione.

Erano le settimane di un'altra ondata, la terza. L'ospedale era più preparato delle precedenti – avevamo anche un vaccino! Eppure, si fece comunque una grande fatica. Fu come una batosta psicologica.

Nel mio primo anno da presidente di AOPI, cercai da subito di apportare il mio contributo. Perciò a marzo lanciammo un'importante campagna nazionale sulla salute mentale dei ragazzi, con un manifesto e una campagna sui media che ebbero notevole eco. Era già iniziata da un pezzo, purtroppo, un'epidemia nell'epidemia, ma più subdola e sotterranea, per la quale non esiste vaccino. Il disagio psicologico dei giovani, che all'inizio era stato sottostimato, che si era creduto di poter tenere a bada con la DAD (Didattica a Distanza, ormai celebre), esplose.

Rispetto alla situazione precedente alla pandemia da Covid-19, negli ospedali pediatrici italiani erano aumentati gli accessi ai Pronto Soccorso e raddoppiati i ricoveri. Un malessere molto diffuso che poteva vestirsi di abiti assai diversi tra loro: tentativi di suicidio, autolesionismo, anoressia, bulimia... Stiamo parlando di una piaga concreta che interessa non solo l'Italia, ma il mondo intero. I giovani di oggi, non dimentichiamolo, sono gli adulti di domani, dunque individui che avranno bisogno di assistenza psicologica, che rappresenteranno un costo per il Servizio Sanitario Nazionale se non si interviene tempestivamente. Quella era un'onda lunga che avrebbe potuto cronicizzarsi, una vera e propria emergenza.

Con AOPI decidemmo, quindi, di mandare un messaggio preciso e chiaro: le istituzioni avrebbero dovuto prendere atto di un enorme disagio e occuparsene, spendendo parte di quel PNNR – di cui sentivamo parlare da mesi – a favore dei nostri ragazzi. Perché, certo, per la rinascita di un Paese sono fondamentali gli investimenti sulle infrastrutture, ma che nazione è quella che non si cura della crescita dei propri figli?

In un clima molto teso, in piena gestione della terza ondata, ricevetti anche una sorpresa dal sapore di fiele: un avviso di garanzia. All'alba dell'8 marzo, i finanzieri piombarono in casa mia. Erano le sei di mattina e tutta la famiglia venne letteralmente buttata giù dal letto per osservare con dolorosa impotenza la nostra vita messa a soqquadro.

Ero incappato in quello che sarebbe poi stato rinominato "Concorsopoli", lo scandalo sui presunti concorsi pilotati a Medicina. Fu una grande ferita.

Non dormii per un'intera settimana, divorato dalla preoccupazione. Poi, d'un tratto mi dissi: "Alberto, tu hai sempre e soltanto cercato il bene del Meyer, non hai fatto nulla di male". Mi sono sforzato di trarre nuova forza da quella terribile esperienza, ripetendomi che sarebbe stata come uno *stress test*, da cui uscire più forte, più consapevole. Il prezzo da pagare per fare le cose bene nel nostro Paese. Così appesi al muro del mio ufficio la frase di Winston Churchill che campeggia all'inizio del capitolo:

> "Il successo non è mai definitivo, il fallimento non è mai fatale; è il coraggio di continuare che conta."

Avevo bisogno di crederci, e io ci ho creduto, anche prima che il mio avvocato mi tranquillizzasse. Insieme avremmo spiegato come il mio operato fosse sempre stato orientato a perseguire con determinazione il bene dell'ospedale, a innalzare i livelli di eccellenza, ad attrarre i migliori talenti, a valorizzare i giovani e, soprattutto, il merito, pur nel costante rispetto della legge.

Non ci fermammo. Nonostante tutti gli alti e bassi, pubblici e privati, l'ospedale era in continua crescita in molti reparti. Assumemmo ben tre professionisti dall'Ospedale Bambin Gesù: un chirurgo neonatale, una chirurga oncologica e il nuovo primario di Anestesia. Mi chiamò addirittura il Direttore Sanitario, Massimiliano, per dirmi con la sua simpatica parlata romanaccia: "Ao, Albè, me stai a svota' l'ospedale!"

E non era finita, arrivò anche una importante cardiologa da Parigi, Francesca Raimondi, che se n'era andata dall'Italia dieci anni prima e adesso rientrava in patria. Una specie di ritorno dei cervelli che contribuiva a rinforzare enormemente la nostra squadra. Per noi si trattava di grandi acquisti e ciò significava che il Meyer era ormai diventato attrattivo non solo a livello italiano, ma europeo.

A fine marzo, all'inizio della nuova stagione, si decise di rinnovare l'orto-giardino, grazie alla nostra Fondazione. Voleva essere un segnale di ripartenza, il messaggio che la primavera giunge comunque, anche dopo il più lungo degli inverni. E noi tutti avevamo un disperato bisogno di ricordarcelo, specie in un momento simile. Infatti, l'orto-giardino, un angolo di verde proprio accanto alla LudoBiblio, è un luogo di quiete all'aria aperta, dove i bambini ricoverati possono recarsi per trascorrere qualche ora in mezzo a piante e fiori. Nel 2021 vi predisponemmo anche una serra per fare giardinaggio durante i mesi più freddi e una bella pergola per ospitare i laboratori durante quelli estivi, al riparo dal sole.

Lavorammo, inoltre, alla nuova farmacia, tutta dedicata alla produzione di terapie galeniche personalizzate, preparati sterili e non sterili, farmaci chemioterapici, per le malattie rare, o le sacche per la nutrizione parenterale: in questi locali ad atmosfera altamente controllata – oltre cento metri quadri provvisti delle più moderne tecnologie – avremmo potuto realizzare le terapie, calibrandole secondo le necessità di ciascun paziente. E questo valeva anche per formule e dosaggi non reperibili in commercio, i farmaci salvavita.

Essere in grado di offrire ai nostri pazienti terapie su misura era, a mio parere, essenziale. Lavorare potendo contare su una medicina personalizzata, ci consentiva di erogare un servizio ancora migliore ed efficace, nel pieno rispetto dei più elevati standard internazionali di qualità.

Nello stesso periodo inaugurammo anche il laboratorio ad altissima automazione: Corelab.

A cosa ci sarebbe servito? Tanto per cominciare a snellire i tempi di processo degli esami di laboratorio, perché risultati ottenuti rapidamente portano di riflesso a considerevoli riduzioni della permanenza in ospedale dei bambini e delle loro famiglie – cosa, questa, più che mai importante al tempo di una pandemia globale.

Se prima le refertazioni non urgenti (un caso fra tutti: la funzionalità tiroidea) si aggiravano sulle dieci ore circa, con Corelab potevamo ottenerli in meno di un'ora! Il grandissimo vantaggio del nuovo laboratorio era la completa automazione dell'intera parte pre-analitica del processo – per intenderci: quella a più rischio di errore umano. Corelab ci facilitava non poco il lavoro, accogliendo e smistando ciascuna provetta in arrivo dal Meyer, sottoponendola a check-in, centrifugandola se necessario.

I lavori erano cominciati a giugno 2020, in piena emergenza da Covid-19, e in meno di un anno eravamo giunti all'inaugurazione, senza mai fermare l'attività ordinaria degli altri laboratori. Oggi credo che un grande Meyer si veda anche da questo, dal lavoro dietro le quinte, dallo sforzo enorme di un ospedale che non smette di crescere in termini di sicurezza e di efficientamento, anche economico.

Con l'avvio di un altro importante lotto di interventi al cantiere del Parco della Salute, mi resi conto che diventava necessaria una riflessione collettiva sulle nuove aree a disposizione. Proposi, quindi, di coinvolgere l'intero personale per discuterne tutti insieme. Nacque così il webinar *Meyer 2023*, dove ognuno era invitato a puntare lo sguardo verso il futuro, a proiettarsi verso qualcosa, dando il proprio personale contributo di idee. Infatti, uno dei miei crucci è sempre provare a far partecipare davvero tutti gli operatori alla costruzione di una visione condivisa del Meyer. Forse è la sfida più ardua, quando si parla di *leadership*: mobilitare le persone verso una visione comune. La strada per arrivarci è ancora tanta da fare, per quanto mi riguarda.

Quello fu anche il momento in cui, insieme all'Università degli Studi di Firenze, lanciammo il già citato primo Master di I livello su *La gentilezza nella relazione di cura in età pediatrica*, offerta unica nel suo genere in Italia per quanto riguardava la formazione post-laurea. Durante l'ideazione del corso, erano stati coinvolti il biologo naturalista Daniel Lumera, figura di riferimento internazionale nelle scienze del benessere, autore di bestseller e promotore del movimento "Italia Gentile"; nonché padre Guidalberto Bormolini, presidente dell'associazione TuttoèVita Onlus. L'obiettivo era rivolgersi ai professionisti interessati a esplorare nuove possibilità nella relazione di cura, dando loro una formazione specialistica sul concetto di cura globale per la persona, la cui parola chiave fosse "gentilezza".

C'era – c'è – davvero tanto bisogno di gentilezza in tutto il sistema ospedaliero, in Italia. In Europa. Nel mondo. Non è un'esigenza campata in aria, ma sostenuta da studi scientifici e dai dati forniti dagli ospedali oncologici più all'avanguardia degli Stati Uniti. Empatia, compassione, cooperazione, spirito di servizio: la relazione di cura si nutre anche di quelle che Lumera ha definito "medicine naturali". La gentilezza, la gratitudine, il perdono, l'ottimismo e la felicità.

Il Meyer era il primo grande ospedale pubblico che decideva di impegnarsi in tale direzione, partendo proprio da un percorso formativo interdisciplinare.

In quanto Direttore Generale, il mio lavoro consiste nel progettare e pianificare. Un lavoro, ancora una volta, dietro le quinte. Mi sono spesso sentito inquieto, alla continua ricerca di stimoli, finché non sono arrivato al Meyer. Qui ho trovato uno scopo, anzi più di uno, tanti fili che, intrecciandosi tra loro, hanno creato una nuova trama e poi un'altra, e un'altra ancora, aprendomi orizzonti e opportunità che altrimenti non avrei mai conosciuto.

Assecondando la mia passione per la figura di Adriano

Olivetti e per la sua visione dell'azienda, dopo aver instaurato in ospedale la "settimana olivettiana", ho voluto fare di più: ho programmato un viaggio a Ivrea presso l'Adriano Olivetti Leadership Institute. Dopo un anno da quel viaggio, progettammo presso il nostro Campus l'istituzione di un Center for Leadership and Health proprio in partnership con Stefano Zordan e l'istituto di Ivrea, che, tra l'altro, riprendeva la teoria della *adaptive leadership*, che avevo studiato con passione alla Harvard Kennedy School nel 2019.

Ad agosto, ricevemmo la bellissima visita di don Luigi Ciotti, fondatore del Gruppo Abele e dell'Associazione Libera. Ebbi modo di accompagnarlo durante la visita dell'ospedale attraverso i luoghi più significativi – lo Spazio dello Spirito, ad esempio, i reparti di Pediatria e Terapia Intensiva Neonatale, i laboratori – e tutti, dal personale alle famiglie presenti, hanno trovato il modo per ringraziare il sacerdote che, con un'inesauribile energia, non cessa di impegnarsi a favore dei più deboli e contro le mafie.

I bambini ricoverati, insieme agli operatori della ludoteca, prepararono per lui un piccolo dono che lui gradì moltissimo: una mongolfiera con un articolo della Carta dei Diritti del Bambino in Ospedale e una melanzana coltivata lì, nell'orto-giardino.

Io e Don Ciotti ci trovammo subito d'accordo sulla necessità di riaffermare il valore della sanità pubblica, di amministrare con amore il bene comune, di portare avanti tutti quei valori che sono alla base dell'etica pubblica, intesa come etica della responsabilità.

Durante tutto l'anno, non trascorse un solo giorno senza che io mi recassi al cantiere del Family Center per seguire e stimolare i lavori, incessantemente.

Inaugurammo la struttura il 13 dicembre, una data che ritorna sempre al Meyer, anniversario della morte di Anna Meyer. Non a caso il Family Center è dedicato a lei. Ma nel 2021 ricorreva anche un altro importante anniversario, il 130° anno dalla fondazione del nostro ospedale. Fu una grande – doppia – festa celebrata nel giardino davanti al nuovo Centro, in mezzo agli alberi, con un bel sole mattutino, freddo ma benaugurante. Il taglio del nastro dette inizio a un profondo cambiamento: cominciava davvero un modo tutto nuovo di accogliere i bambini e i loro familiari.

Il Family Center, la cui realizzazione era stata lunga e non priva di ostacoli, diventava finalmente concreto, testimoniando una trasformazione profonda già in atto che riguardava il Meyer nella sua complessità. Nonostante il periodo burrascoso e le difficoltà dettate dalla pandemia, quello era un esempio di buona sanità che guardava al futuro in modo costruttivo, senza però dimenticare il passato.

Non mi stancherò mai di ripetere che l'arrivo di una famiglia in ospedale per un ricovero è un momento di grande ansia. Ignorare cosa accadrà ai propri figli, al fratello o alla sorella, porta a vivere una serie di paure, espresse e inespresse. Costruire, dunque, una struttura dedicata solo a questo, ad accogliere e rassicurare, ad abbracciare ogni preoccupazione e a prendersene cura, significava provare a trasformare un problema in opportunità. Dentro al Centro c'era poi un'area tutta a misura di bambino, lo Spazio Pimpa, interamente pensato, dalla forma degli arredi ai colori utilizzati, da

Francesco Tullio Altan, il celebre disegnatore della cagnolina a pois. La Pimpa e un medico molto speciale, il dottor Armando, volevano essere il nostro biglietto da visita in un ambiente che, non appena entrati, fosse capace di trasmettere quel clima di calore e vicinanza così indispensabile per cominciare un percorso di cura.

"Vicinanza": un termine niente affatto casuale. La pandemia, lo sappiamo ormai molto bene, ha coniato un'espressione terribile per certi versi: "distanziamento sociale". Nel nostro Family Center noi volevamo, invece, dimostrare il contrario, la prossimità. E la vicinanza ritorna anche nel nuovo logo dell'ospedale, disegnato per celebrare il l'anniversario: i bambini del Meyer che, mano nella mano, corrono verso il futuro.

Il 2021 fu davvero l'anno dei vaccini e della vaccinazione anti-Covid. In 365 giorni di campagna vaccinale, il centro del Meyer fece qualcosa come 25.000 somministrazioni tra dipendenti, bambini e cittadini ultra ottantenni, mettendosi a disposizione di tutta la comunità. Chiudemmo a dicembre, lanciando col generale Figliuolo, commissario straordinario per l'emergenza Covid, il vaccino ai soggetti pediatrici fragili.

Ma non potevamo occuparci solo di Covid, soprattutto in un periodo in cui si diffuse una seria epidemia che riguardava proprio loro, i più piccoli. I mesi finali dell'anno furono davvero duri, durante i quali si registrò una crescita importante dei casi di infezione da virus respiratorio sinciziale in età pediatrica; virus che era la prima causa di bronchiolite nei lattanti e nei bambini entro l'anno d'età. Per capirci: comparando i vecchi dati, ci si accorse che, se nel novembre 2019 i casi di accesso al Pronto Soccorso per bronchiolite erano stati 24, a novembre di due anni più tardi se ne registravano già 140! L'escalation di ingressi e i conseguenti ricoveri, anche intensivi, per motivi respiratori, rese più lunghe le attese per il Pronto Soccorso. La situazione ci obbligò a una riorganizzazione delle attività di ricovero programmate.

È molto probabile che ciò fosse dovuto al drastico cambiamento delle abitudini di vita degli ultimi tempi, che la netta riduzione delle occasioni di contatti sociali e le regole igieniche adottate per tutto l'autunno-inverno precedente avessero determinato una ridotta circolazione e immunizzazione. Ora, quindi, ci si aspettava il boom.

In ogni caso, anche quell'emergenza rientrò e fu un vero sollievo.

Arrivarono le feste e con esse la consueta campagna di Natale della nostra Fondazione dal titolo *Babbo Natale esiste davvero*. Era naturale che mi vestissi per l'occasione, con la lunga barba e gli abiti rossi, lo facevo ormai dal primo anno al Meyer, quando non avevo ancora i capelli bianchi...

Ci tenevo, ci ho sempre tenuto a vestirmi da Babbo Natale, perché è un momento bellissimo che ripaga delle tante preoccupazioni e dei non pochi sforzi che costellano la vita dell'ospedale. Perché andare in giro per i reparti a fare le veci di quell'omone dalla voce profonda e la pancia prominente, che distribuisce regali e pacchi insieme a enormi sorrisi, più spalancati che mai, ti fa vedere lo scintillio negli occhi di tanti bambini bloccati in un letto che non è il loro, l'immensa gioia, ed ecco che, anche solo quello, la parentesi di un pomeriggio, riesce a bastarti per un anno intero.

9. Memoria e futuro

> “Mi interessa molto il futuro: è lì che passerò il resto della mia vita.”
> Groucho Marx

Ripenso al 2022, seduto alla mia scrivania, un anno che cominciava all’insegna di un’altra spiacevole sorpresa: il dilagare di Omicron. La lettera presa in prestito dell’alfabeto greco c’entrava assai poco con la lingua di Platone e molto, purtroppo, col Covid. Si trattava, infatti, dell’ennesima variante del virus che lo rendeva più contagioso e, ancora una volta, più trasmissibile. Soprattutto tra i piccoli. Eravamo appena usciti dall’epidemia di bronchioliti ed ecco che arrivava l’ennesima batosta.

“Qui non si rifiata”, mi disse Massimo Resti, il nostro più importante pediatra. Quattro parole che coglievano nel segno.

Dal primo all’ultimo cominciavamo a essere piuttosto stanchi. Omicron dilagava a vista d’occhio e ormai in tutti gli ospedali pediatrici della nazione si registravano decine di nuovi casi a settimana. Col senno di poi, sappiamo che a quella variante ne sarebbero seguite molte altre. Il tempo ci ha mostrato come la pandemia sia una specie di lunga partita a scacchi in cui profondere ogni nostra energia. Un aiuto concreto ce lo avevamo davvero i vaccini, e soprattutto la dose booster, che costituivano un forte argine contro il virus e le sue mutazioni. E tuttavia, un'ondata dopo l'altra, in un susseguirsi di batoste, ci trovavamo di fronte a un potenziale impatto sociale e psicologico rilevantissimo del quale non eravamo completamente in grado di valutare le conseguenze.

In piena emergenza, la Regione Toscana organizzò una campagna straordinaria di vaccinazione pediatrica e anche noi partecipammo con un open day vaccinale, il 6 febbraio, dedicato alla fascia d'età 5-11 anni, la più dibattuta. Il lancio dell'iniziativa fu fatto sui social, come per altri eventi, solo che in quell'occasione fummo sommersi da commenti d'odio. Era un attacco coordinato e organizzato dai No Vax, uscì anche un articolo dedicato sul "Corriere della Sera". Ma non potevamo perdere tempo con simili questioni, i contagi aumentavano e la situazione era davvero seria. Con i colleghi direttori degli altri ospedali pediatrici vivemmo il crescendo con grande apprensione.

Ricordo benissimo che, mentre mi trovavo in una cantina a comprare una bottiglia di vino, ricevetti una telefonata: "Pronto, sono il ministro Speranza".

Lo avevo già conosciuto, ovviamente, ma era la prima volta che avevamo un contatto così diretto. Mi chiese, in quanto presidente di AOPI, di fargli un resoconto settimanale sull'andamento della pandemia sui soggetti pediatrici. Così mi adoperai per mettere in piedi un piano d'azione; ogni lunedì mattina i quindici ospedali pediatrici italiani mi avrebbero fornito un quadro della situazione, al Meyer avremmo assemblato i dati e il martedì il rapporto per il ministro sarebbe stato pronto.

I numeri sembravano dare forma a qualcosa di esponenziale, l'allerta era alle stelle. Il Meyer registrò il suo miglior record di sempre, con oltre tremila ricoveri nei quindici ospedali monitorati. A ciò si andavano ad aggiungere i casi segnalati di sindrome infiammatoria multisistemica (MISC) nei bambini non vaccinati in fase acuta di Covid.

Per fortuna, però, a fine febbraio la situazione si stabilizzò e a marzo, finalmente, l'emergenza cominciò a diminuire. Furono giorni di rilevanza mediatica per l'associazione, la fonte più sicura per l'andamento della pandemia in età pediatrica e, se non altro, l'interesse per AOPI contribuì a rafforzarne l'identità.

In un momento tanto critico, riuscimmo comunque a fare un'inaugurazione che ci riempiva d'orgoglio: il nastro della nuova TAC di ultima generazione venne tagliato dal generale Francesco Paolo Figliuolo, commissario straordinario per l'emergenza Covid. Era il 21 febbraio 2022, esattamente due anni dopo il primo caso accertato di Covid in Italia.

Una data importante, dunque, così come la nostra TAC-nave dei pirati. Non aveva eguali in Europa e, non solo era capace di eseguire tomografie con immagini ad alta risoluzione in tempi rapidi, ma garantiva anche una bassissima esposizione alle radiazioni ionizzanti. Stiamo parlando di un macchinario capace di scansionare un organo in meno di un secondo, visualizzare l'intero cuore nella frazione di un battito cardiaco e, addirittura, tutto il corpo in pochi istanti! Ciò si traduce nella possibilità di effettuare esami a neonati e bambini riducendo notevolmente il ricorso alla sedazione.

Avevamo acquistato il macchinario con una procedura rapidissima grazie ai fondi commissariali dedicati al rafforzamento del Servizio Sanitario Nazionale. Il cantiere era durato appena sessanta giorni. Si trattava di un investimento considerevole, oltre un milione e 200.000 euro, ma, come sempre, finalizzato a migliorare ulteriormente la capacità di risposta della radiodiagnostica del Meyer.

A mio parere, la nuova TAC era, soprattutto, il risultato di un'efficienza amministrativa. Se ci pensiamo, nella pubblica amministrazione italiana il tema è centrale: a mancare non sono tanto le risorse, quanto la capacità di spesa. Smettiamo di credere che il problema del Paese siano i soldi, perché le risorse pubbliche ci sono – ad esempio, i fondi europei. Ci manca, piuttosto, una classe dirigente con idee e progetti e, non ultimo, il coraggio. Il coraggio di andare fino in fondo, di metterci la faccia, di assumersi la responsabilità delle proprie scelte.

La quinta ondata era appena scemata, l'ospedale stava tirando un respiro di sollievo, ed ecco che, *sbam*, arrivava un'altra sventura: il 24 febbraio le truppe russe invadono i territori dell'Ucraina. È l'alba di una nuova guerra in Europa.

La notizia era stata molto impattante. Quella stanchezza che gli operatori sanitari si trascinavano dietro da due lunghi anni riemerse. Però, nonostante tutto, dovevamo fare qualcosa.

I mesi di marzo e aprile si caratterizzarono per un nostro forte impegno su questo fronte. La task force umanitaria, che prima ancora era stata attiva a Lampedusa, andò ai confini con la Polonia, dove si concentrava il flusso maggiore di profughi, nonché di malati e feriti. Là arrivavano anche molti bambini, soprattutto pazienti oncologici che non era più sicuro curare negli ospedali ucraini perché tempestati da una pioggia di bombe. Alcuni di loro, attraverso un lungo corridoio umanitario, giunsero al Meyer e davvero credo che non potrò mai dimenticare il momento in cui io e Francesca Bellini li accogliemmo al Pronto Soccorso. I loro volti, gli occhi spaesati dei genitori, di padri che non riuscivano a sciogliere l'abbraccio che li legava ai figli: eravamo testimoni di qualcosa di enorme, che non riuscivamo nemmeno a comprendere. Fu un'emozione indescrivibile, quasi fisica. Come toccare con mano la carne viva della storia.

Per l'ospedale non fu una passeggiata, molti di quei bambini avevano tempi di degenza parecchio lunghi, e un destino incerto. Dove avremmo dovuto rimandarli, una volta dimessi, a casa? In guerra?

Tra loro arrivò una paziente che operammo d'urgenza, lo scoppio di una mina le aveva completamente spappolato il gomito. Beltrami, il nostro ortopedico, si occupò di lei una prima volta, ma ricostruirle il delicato insieme di ossa, tendini e legamenti non era cosa da poco. Avrebbe dovuto operarla di nuovo, e l'intervento venne fissato per il 10 agosto. Ricordo che feci una dichiarazione pubblica che rimbalzò sulle maggiori testate giornalistiche: "Era dal 1943 che il Meyer non curava una ferita da guerra, durante il bombardamento della stazione di Campo di Marte". Un altro tassello della storia che si andava ad aggiungere al patrimonio dell'ospedale, una memoria lunga oltre 130 anni. Ne avremmo fatto volentieri a meno ma, si sa, in simili faccende i desideri contano poco.

Con le immagini di devastazione che occupavano ogni telegiornale, l'ombra del conflitto sembrava guardarci da un angolo del televisore, pericolosamente vicino, come la pandemia faceva ormai da anni. E tuttavia, proprio per questo, dovevamo sforzarci di andare avanti.

Alla presidenza di AOPI m'impegnai molto sul fronte dell'umanizzazione delle cure, attraverso le letture pubbliche di fiabe in vari ospedali pediatrici italiani nel mese di maggio. Coinvolgemmo attori famosi del calibro di Raoul Bova e Laura Morante per raccontare le fiabe ai pazienti ricoverati. Al Meyer vennero Neri Marcorè e Miriam Leone. Fu un momento davvero divertente per i bambini e le famiglie. Ritrovarsi insieme in presenza, quanto ne avevamo bisogno! Fu un respirare, un tirare il fiato, dopo quattro mesi nient'affatto facili.

E non abbiamo mai smesso di implementare il nostro personale. Il primo giugno arrivò il professor Iacopo Olivotto, uno dei massimi esperti europei di patologie genetiche del cuore, che lasciava Careggi per venire da noi. Il Meyer continuava a osare in avanti con tanti progetti, soprattutto con la struttura del Campus, e poteva farlo perché migliorava costantemente il suo mandato principale, ossia la cura dei bambini.

Potrebbero criticarmi in molti – e di critiche ne ho ricevute parecchie – per il fatto che, benché puntiamo a progetti molto avanzati, per accedere alle prestazioni sanitarie ci si deve scontrare con lunghe liste d'attesa. In realtà, la mia prima missione in questi otto anni è stata rinforzare fortemente la parte assistenziale, che in effetti ha cambiato il proprio volto. Eravamo 1100 operatori nel 2014, adesso siamo oltre 1500!

Migliorarsi costantemente è l'impegno che il Meyer persegue con determinazione, ed è anche uno dei motivi per cui, il 20 giugno, a Milano, siamo stati premiati dalla Bocconi "per l'innovazione e la creatività" del nostro Family Center, alla presenza del ministro alla Pubblica Amministrazione, Renato Brunetta.

L'estate, si sa, è la stagione delle trepidanti attese. Dei primi bagni in mare, del sole, e poi di un po' di fresco, della pioggia. Anche al Meyer eravamo in attesa di qualcosa, anzi più di una.

Il 5 luglio, in un caldo torrido da togliere il fiato, avviammo formalmente i lavori di Casa Marta, con la posa dei primi tre mattoni durante una bella cerimonia alla presenza delle autorità. Un atto concreto, ma soprattutto simbolico. L'*hospice* pediatrico era il sogno che coltivavamo da parecchi anni e che, dopo tanti progetti e calcoli, diventava finalmente realtà: una "casa come a casa", dedicata alla piccola Marta, al servizio di tutti. La dimostrazione che dai dolori più grandi potevano nascere grandi cose, e anche una conquista di civiltà per il diritto dei bambini ad avere standard di cura all'avanguardia proprio nei momenti più difficili.

Da un momento all'altro aspettavamo di ricevere anche il riconoscimento come IRCCS dal Ministero della Salute. Solo che, oltre a un caldo micidiale, l'estate del 2022 ci avrebbe riservato un'amara sorpresa: il 21 luglio, dopo settimane di tensioni, ogni giornale riportava la notizia che il governo Draghi era caduto. E io ebbi un momento di panico. Con disperazione pensai alla lunga trafila cominciata quasi due anni prima. "Stai a vedere che adesso ci tocca ricominciare tutto da capo!" mi dissi.

In quei giorni, il decreto che riguardava il futuro del Meyer era in corso di stesura, mancava la firma del ministro… E ora il Paese avrebbe dovuto affrontare una crisi politica di quella portata, come se non fossero stati sufficienti gli alti e bassi del recente passato.

Se non altro, venne presto chiarito che l'esecutivo sarebbe rimasto in carica fino alle elezioni del 25 settembre per il "disbrigo degli affari correnti". Tra questi ultimi, per fortuna, c'eravamo anche noi. Che sollievo!

Così il 2 agosto il decreto venne firmato e l'Azienda Ospedaliero-Universitaria Meyer di Firenze poté compiere il suo salto di qualità diventando Istituto di Ricovero e Cura a Carattere Scientifico per la disciplina pediatrica. Finalmente avevamo raggiunto un bellissimo ed entusiasmante traguardo, eravamo tra i ventidue istituti pubblici riconosciuti a livello nazionale. Ventidue, non cento!

Il decreto venne poi pubblicato sulla "Gazzetta Ufficiale" il 27 agosto, un atto che ho voluto fosse incorniciato e posto in bella vista nella grande sala d'attesa della direzione dell'ospedale, qua fuori. C'erano voluti due anni, con la pandemia e tutto il resto, eppure ci eravamo riusciti. Ed era un risultato di portata storica, nel lungo percorso del Meyer, che apriva prospettive inedite nel campo della ricerca pediatrica. Un'enorme opportunità per tutti i nostri ricercatori, e non solo.

Alla fine il caldo si attenuò e, mentre gli scampoli dell'estate venivano sconquassati dagli acquazzoni, ci preparavamo per un'altra inaugurazione, forse la più importante da quando sono arrivato qui.

Il 2 settembre, alla presenza delle istituzioni, tra cui il ministro Speranza, formalmente ancora in carica, tagliammo il nastro del Meyer Health Campus. La traduzione di un grande sogno in realtà. Un evento meraviglioso in cui la mia soddisfazione più grande è stata vedere la gioia e l'orgoglio negli occhi dei colleghi, stupiti dalla bellezza del Campus, da me definito una "fabbrica di salute e conoscenza".

A ripensarci oggi, il Campus è stato lo snodo centrale

del 2022 sotto ogni punto di vista. Può essere considerato un paradigma di utilizzo di fondi pubblici – europei, statali, regionali, aziendali, dei cittadini. Scopo, acquisto, progetto, ristrutturazione, arredo… Un susseguirsi di riflessioni e di azioni per un totale di 20 milioni di Euro. Il cantiere era stato avviato nel gennaio 2020 e oggi sappiamo bene cosa ciò abbia significato. Quasi cinquemila metri quadrati di spazi inaugurati nel pieno rispetto delle tempistiche stabilite, dopo due anni e mezzo di pandemia e gravi turbolenze per l'Italia e il mondo.

L'obiettivo finale del Meyer è la cura del bambino, non smetterò mai di ripeterlo. Per farlo, però, si deve poter contare su un'eccellenza amministrativa, perché non esiste eccellenza sanitaria che ne sia priva. Lo dico sempre al mio gruppo di lavoro tecnico-amministrativo, composto da circa un centinaio di persone. Mi rivolgo a loro come potrei fare coi colleghi chirurghi e cardiologi: "Voi curate i bambini, ricordatevelo. La vostra competenza è ciò che ci permette di essere eccellenti nella cura". È un discorso piuttosto inconsueto, negli ospedali. Spesso a capo delle aziende sanitarie ci sono dei medici che, mi duole ammetterlo, sottostimano il lavoro dietro le quinte. La mia formazione giuridico-amministrativa, invece, mi ha mostrato che non esistono bei reparti senza qualcuno che li progetti, che li arredi, che li mantenga tali. Questo è l'aspetto che contribuisce a rendere il Meyer ancora più forte: l'eccellenza in ogni anello della catena, anche se quell'anello è il manovale che impasta il calcestruzzo o l'elettricista che sistema l'impianto. Ognuno, dal muratore al dottore, deve sentirsi parte di qualcosa di più ampio, come il famoso scalpellino del *cathedral thinking*.

Il sentimento è stato condiviso con chi, durante questi due lunghi e faticosi anni, ha gravitato attorno al cantiere. Io stesso ci sono andato tutti i giorni, caschetto in testa e scarpe antinfortunistiche ai piedi, e non posso che dirmi orgoglioso del lavoro compiuto.

Credo davvero che il nostro Campus possa essere un esempio per il Paese. Sì, ci arrivano questi miliardi dall'Unione Europea, ma per farci che cosa esattamente? E con quale classe dirigente? Ecco le domande che dobbiamo porci, ecco le riflessioni che siamo chiamati a fare.

Il Meyer Health Campus è stato, se vogliamo, una forte risposta alla pandemia nei tempi e soprattutto nei contenuti. Un edificio architettonico bellissimo che s'innesta nelle colline fiorentine; una struttura sanitaria *pubblica*!

Ho fatto realizzare da un artigiano locale un'istallazione che si ispira a un artista statunitense, Bruce Nauman, e ho chiesto che venisse posta all'ingresso, su un enorme parete di marmo bianco. Si tratta dell'articolo 32 della Costituzione Italiana:

> "La Repubblica tutela la salute come fondamentale diritto dell'individuo e interesse della collettività."

Un'unica scritta in corsivo verde per rendere chiaro a chiunque entri che quello non è un centro congressi in affitto, né una clinica privata, bensì parte di un ospedale pubblico, patrimonio dei cittadini.

Il Campus è molte cose. È l'eccellente strumento attraverso cui formare i futuri professionisti della pediatria, i giovani. Oggi il Meyer conta più di trecento specializzandi in discipline medico-chirurgiche del bambino. A loro offriamo una biblioteca e uno spazio studio dove prepararsi agli esami e scrivere le tesi. Tutti i luoghi che in genere mancano in un ospedale, pure se a carattere universitario.

Ma il Campus è in grado di fornire anche la formazione continua dei nostri professionisti, perché, esattamente come una casa, loro hanno bisogno di cura e manutenzione.

La grande sfida che ci attende, purtroppo, è una crisi che si trascinerà negli anni avvenire, il cosiddetto *burn-out*, la stanchezza dei nostri operatori sanitari. È un tema che è emerso con forza negli ultimi tempi con segnali d'allarme preoccupanti.

L'Italia, purtroppo, è un Paese dalla memoria molto corta. Quelli che non troppo tempo addietro erano gli eroi, gli infermieri, i medici, chiunque lavorasse in un ospedale, francamente mi sembra che siano tornati a essere un costo, un qualcosa da contenere e, quindi, da diminuire. Possibile che si sia imparato così poco dalla pandemia? Nei giorni più terribili qualcuno disse che l'emergenza sanitaria ci avrebbe resi esseri umani migliori, oggi mi viene da credere il contrario.

Gli operatori sono stanchi, è sotto gli occhi di tutti. Eppure anche un dato di fatto come questo pare non interessare, chi ci governa non dà segnali di cura verso *chi* cura. Perché il punto è che bisogna curare chi cura. Prendendo in prestito un termine dalla *leadership* adattiva, il Meyer riesce ancora a essere un *holding environment*, un sistema capace di contenere in senso positivo, come la pancia della mamma. Ma quanto a lungo? Noi siamo vigili, però abbiamo bisogno di aiuto.

Per questo, nel 2022, avevamo deciso di dedicare un parte del Campus proprio al benessere dei dipendenti, creando uno spazio riservato a loro dove rinfrancarsi, staccare la spina e decomprimere. Nella stanza più bella e appartata della struttura, è infatti possibile fare colloqui individuali con una psicologa o dedicarsi a lavori di gruppo, nonché praticare la meditazione e la *mindfulness*. Tutte cose pensate per i dipendenti, che abbiamo voluto rafforzare alla luce dell'emergenza post-pandemica.

Il Meyer Health Campus si articola in tre aree di intervento, ispirate da Harvard: il già citato Centro di Simulazione, il Meyer Center for Leadership & Health, con Stefano Zordan alla guida, e il Centro di Ricerca e Formazione sulla Felicità, ossia il punto più avanzato del mio lavoro in questi otto anni.

In piena pandemia, infatti, avevo ingaggiato una bravissima sociologa, proveniente dalla Scuola Superiore Sant'Anna di Pisa, dov'era ricercatrice sui sistemi di salute, Manila Bonciani. Ricordo che lei venne da me dicendo: "Questa emergenza mi ha molto colpita. Mi piacerebbe poter lavorare sul campo, dedicarmi alle persone. Fare ricerca è bello, ma credo di aver bisogno di cose più concrete".

Non potei che risponderle: "Questo è il posto giusto!"

Entrò nella squadra del Meyer, alla direzione del Centro di Ricerca e Formazione sulla Felicità, costantemente in contatto con l'Harvard Center for Health and Happiness. La presenza di uno spazio del genere consentirà di aprirci verso il territorio. È il luogo speciale attraverso cui coniugare tutti i bellissimi concetti appresi durante il viaggio a Cincinnati. Costruire salute, pensando a programmi con le scuole destinati ai ragazzi, per provare a intercettare situazioni di disagio.

In ospedale ripariamo i pezzi, ma dobbiamo anche essere in grado di prevenire, evitare che i vasi delicati e fragili si rompano. Questo è il significato primario del Meyer Center for Health and Happiness: portare avanti un lavoro di promozione della salute. Da qui l'idea di organizzare laboratori, incontri, magari anche una *summer school*, una sorta di centro estivo del Meyer ma su temi che abbiano a che fare con la ricerca di senso – consapevolezza di sé, di cosa voler fare nella vita, *empowerment* sulla propria salute – e magari usare anche il secondo auditorium, chiamato Spazio Comunità, come cinema-teatro. L'auditorium principale contiene 140 posti ed è stato disegnato dall'architetto Fabrizio Rossi Prodi. Secondo il nostro Direttore Amministrativo, è il più bello di Firenze dopo quello del *Maggio Musicale*!

È un progetto molto ambizioso, forse il più ambizioso di tutti quelli realizzati finora, dove si uniscono tante cose. Quei famosi semini che ho portato con me durante i tanti viaggi, ecco, al Campus hanno attecchito e ora sono piante in crescita. Io rimango a guardarle orgoglioso, a volte persino stupito di essere stato proprio io il giardiniere che le ha fatte arrivare fin qui. Ma poi mi dico che non è stato tutto merito mio. Non sono mai stato solo io, bensì un'intera squadra di giardinieri che hanno lavorato fianco a fianco condividendo un sogno.

La fine dell'estate cominciò con una frenetica attività per ripensare un po' tutti gli spazi, al fine di raggiungere uno degli altri importanti obiettivi che mi ero posto fin dall'inizio: riportare "a casa" il reparto di Neuropsichiatria Infantile, da anni fuori dal Meyer, "in affitto" presso Villa Ulivella, una casa di cura nelle vicinanze dell'ospedale. In una situazione inadeguata, dunque, alle esigenze dei pazienti.

Il perché di questa scelta non ha bisogno di molte spiegazioni. L'anno precedente si era concluso con un record negativo di ricoveri, quindici letti costantemente occupati, anche se i posti erano soltanto otto, più tre per le emergenze.

L'emergenza, però, era diventata la norma. Accoglievamo sempre troppi ragazzi e adolescenti che, incapaci di ritrovare quella socialità stravolta dalla pandemia, si rifugiavano in gesti di autolesionismo anche molto gravi. La preoccupazione era tanta, avevamo già registrato un disagio in crescita negli anni passati, però con la pandemia la bomba era esplosa. Tra isolamento, interruzione dei contatti e fragilità, le situazioni difficili lo sono diventate ancora di più.

Riportando la Neuropsichiatria Infantile al Meyer, in un reparto totalmente rinnovato e al passo con i difficili tempi del disagio psichico dei ragazzi, sentivo di aver dato una risposta importante a una grande sfida dei nostri tempi: la mancanza di senso della vita di questi giovani; mancanza per la quale, ahimè, non esiste vaccino. O meglio, se esiste, esso consiste, forse, nel trovare un nuovo spirito di comunità che metta al centro la ferita profonda di un'intera generazione.

Nel frattempo, fervevano i cantieri del Parco della Salute e dell'*hospice* pediatrico che avrebbero visto entrambi la fine nei primi mesi del 2024. La cittadella del Meyer che avevo immaginato al mio arrivo, nel 2014, era ormai completa e osservarla concretizzarsi mi faceva un certo effetto.

Ma credo che le emozioni vadano accolte, non rifiutate. E così, all'avvicinarsi della scadenza del mio mandato, dovevo iniziare a compiere quel distacco emotivo dall'ospedale. Mi costava moltissimo, eppure era necessario. Un po' come quando i miei due figli, Bianca e Giovanni, sono partiti all'estero per gli studi Erasmus. Da una parte c'era il dolore per l'assenza e il distacco, dall'altra una grande gioia per loro e una grande soddisfazione nel vederli correre e volare verso il futuro. Al Meyer ho provato la stessa cosa.

Epilogo

> "Non intendo la fede che fugge dal mondo, ma quella che resiste nel mondo e ama e resta fedele alla terra malgrado tutte le tribolazioni che essa ci procura. Il nostro matrimonio deve essere un sì alla terra di Dio, deve rafforzare in noi il coraggio di operare e creare qualcosa sulla terra."
>
> Dietrich Bonhoeffer

Ho voluto raccontare questi otto anni al Meyer perché mi pareva uno spreco disperdere la memoria del viaggio di uno straordinario gruppo che ha creduto in un sogno: fare più grande il Meyer per il bene dei bambini, nel nome del loro diritto ad avere sempre migliori cure.

Abbiamo sicuramente fatto degli sbagli, non tutto ci è riuscito, alcune cose avrebbero dovuto forse essere fatte diversamente. Ma resta il fatto che oggi il Meyer è davvero più forte e più grande, un bene del nostro Paese. Un istituto nazionale di ricerca riconosciuto dal Ministero della Salute.

Questo pezzo di storia che abbiamo raccontato si inserisce in un flusso creativo di una storia molto più grande, lunga oltre un secolo.

Sono andato negli archivi del Comune di Firenze e ho ritrovato il permesso a costruire richiesto da Giovanni Meyer al Comune:

> "Municipio di Firenze Reg. Gen. n. 1929 del 1884 - Oggetto: Meyer Commendator John. Permesso per costruzione di uno Spedale speciale per bambini."

Un atto davvero storico.

Sempre nello stesso Archivio – nel faldone intitolato *Ospedale Pediatrico Meyer* – si trova l'istanza dell'11 maggio 1900 presentata dal signor Ciuti Baldassarre nell'interesse dello "Spedaletto Meyer". Il Sindaco di Firenze permette "di fare ponti accosto onde restaurare una facciata dello Spedaletto predetto in via Mannelli". Il mio trisnonno Baldassarre, evidentemente, era un fiduciario di Giovanni, dato che promuoveva istanze nell'interesse del Meyer.

Mi piace pensare che la lunga storia del Meyer si intrecci anche alla mia storia familiare, che a tratti ho narrato in questo libro. Dal mio trisnonno, costruttore al fianco di Giovanni a cui era legato nel suo sogno di un ospedale pediatrico per Firenze, passando per la morte al Meyer di mia sorella Elena nel 1970, fino al mio sforzo incessante di costruire e di fare grande il Meyer, centotrenta anni dopo.

Ho dovuto alla fine affrontare l'esame più difficile della mia vita: dimostrare in un interrogatorio di garanzia a un giudice (da cui sono andato con i faldoni nella vecchia borsa di pelle di Folco) che per tutti i professionisti, che in questi anni erano giunti al Meyer al fine di rendere l'ospedale un'eccellenza, in alcun modo erano state violate regole concorsuali; che nelle mie azioni ero sempre stato guidato dal supremo bene comune, in questo caso la salute dei bambini. È stata una ferita enorme vedere trascritto in un atto di accusa tutto ciò non come un viaggio per il bene, ma come un delitto. Il delitto di perseguire il meglio per i bambini, di premiare il merito e i talenti. Churchill disse: “Nessun crimine è così grande come osare eccellere”. E adesso capisco quanto sia vero.

L’importante, però, era che quanto io mi ero ripromesso di fare per il bene del Meyer fosse già stato messo in salvo. Se era necessario il mio sacrificio personale, ormai il più era fatto: il Meyer era diventato grande.

Ringraziamenti

Ringrazio Diletta Pizzicori, senza la sua bravura e intelligenza questo libro non avrebbe mai visto la luce.

Ringrazio il meraviglioso team della direzione del Meyer che mi ha su(o)pportato in questi otto anni: Francesca Bellini, Tito Berti, Gianpaolo Donzelli, Alessandro Benedetti, Laura Grifoni, Giulia Generini, Mavi Giannotti, Giulia Righi, Giovanni Grazi, Daniela Papini, Francesco Taiti, Renata Ravasio, Alketa Vako, Claudia Paoli, Laura Pinzani, Kathleen McGreevy, Donatella Accolla, Giulia Bazzani, Mary Tacconi, Fabrizio Batacchi.

Ringrazio la mia famiglia, fondamento di tutto: mia moglie Francesca e i miei figli Giovanni, Bianca, Guido e Federico.

Ringrazio mia sorella Silvia, per esserci sempre.

Grazie alla mia mamma Lucia, la vera roccia.

Grazie a tutta la meravigliosa comunità del Meyer.

Finito di stampare
nel mese di marzo 2023
presso
Puntoweb s.r.l.
Via Variante di Cancelliera, snc - Ariccia (RM)

Printed in Italy